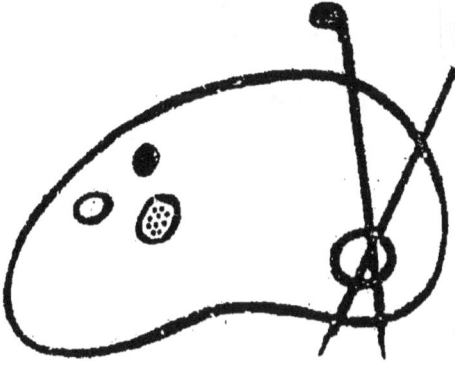

Début d'une série de documents
en couleur

GÉNÉALOGIE

DES

ROIS DE CHYPRE

DE LA FAMILLE DE LUSIGNAN.

par M. L. de Mas Latrie.

(Extrait de l'**ARCHIVIO VENETO**)
Atti della R. Deputazione Veneta di Storia Patria.

C. KLINCKSIECK
LIBRAIRE DE L'INSTITUT DE FRANCE.
11, RUE DE LILLE, PARIS.

VENISE
IMPRIMERIE DE MARCO VISENTINI.
1881.

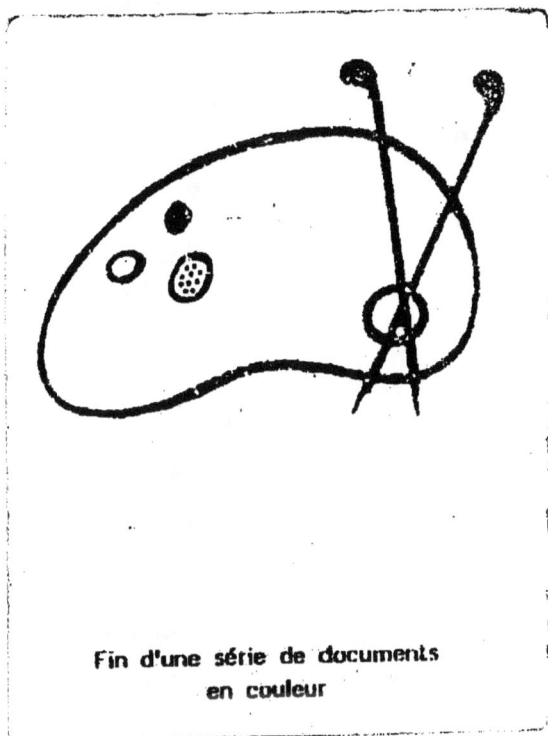

Fin d'une série de documents
en couleur

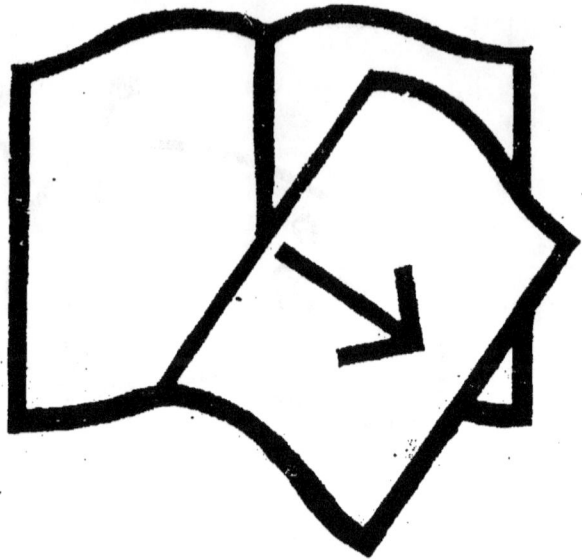

Couverture inférieure manquante

GÉNÉALOGIE

DES

ROIS DE CHYPRE

DE LA FAMILLE DE LUSIGNAN.

(Extrait de l'**ARCHIVIO VENETO**)
Atti della R. Deputazione Veneta di Storia Patria.

VENISE
IMPRIMERIE DE MARCO VISENTINI.
1881.

HUGUES VIII, dit *Le Brun* [1], surnom passé depuis aux fils aînés de sa famille, fut sire de Lusignan en Poitou, et non comte de La Marche, titre que lui donnent à tort les Lignages d'Outremer. Il mourut en Syrie, vers 1165. Il eut entre autres enfants :

1. Hugues IX de Lusignan [2], qui fut *comte de La Marche*.

2. Geoffroy 1.er de Lusignan [3], seigneur de Vouvant et de Mervant, en Poitou, se croisa comme la plupart de ses frères. Il était en Syrie dès 1188. Il fut comte de Jaffa (1191), mais non comte de Césarée. Il épousa Oënor de Chateaumur, que l'on dit être la fabuleuse Mélusine, et fut père de Geoffroy II à la *Grand Dent*. Geoffroy I.er était de retour en Aquitaine dès 1197 (1).

3. Amaury [4] roi de Chypre et de Jérusalem, qui suit.

4. Guy [5], *roi de Jérusalem, premier seigneur latin de Chypre*, qui suit.

5. Raoul [6], comte d'Eu.

6. Pierre [7].

7. Guillaume, [8], dit *de Valence*. En 1186, on pensait qu'il viendrait en Orient. Le roi Guy son frère, dans cette prévision, trai-

---

(1) Titre cité par le P. Anselme, *Généal. des Grands officiers de la couronne de France*, t. III, p. 77.

1

tait de son mariage avec une des filles de Jocelin III, comte d'E-desse. Le projet n'eut pas de suite (1).

1192. GUY DE LUSIGNAN [5], fils de Hugues VIII, sire de Lusignan, reçut le comté de *Jaffa et d'Ascalon* en 1180, en épousant Sibylle de Jérusalem. Couronné *roi de Jérusalem* avec sa femme en 1186, il perd le trône en 1192; devient la même année, *seigneur de Chypre*, en achetant l'ile au roi d'Angleterre, et meurt au mois d'avril 1194 (2).

Femme, en 1180, aux fêtes de Pâques : Sibylle fille d'Amaury I.er roi de Jérusalem et d'Agnès de Courtenay, veuve de Guillaume de Montferrat, dont elle avait le prince Baudouin V, qui fut roi de Jérusalem en 1185. Sibylle, devenue elle même reine en 1186, à la mort de son fils, survécut à tous ses enfants et mourut vers le milieu de l'année 1190 (3).

Enfants : 1. et 2. Alix et Marie, mortes dans la même saison que leur mère, mais avant elle, suivant une continuation de Guillaume de Tyr (4). — 3 et 4. Deux autres filles, mortes également avant leur mère (5).

1194. AMAURY DE LUSIGNAN, ou AMAURY II [4], fils de Hugues VIII de Lusignan, connétable de Jérusalem, *comte de Jaffa*, en 1193, succéde à son frère Guy dans la *seigneurie de Chypre* en avril 1194; est couronné *roi de Chypre* en 1197; reconnu *roi de Jérusalem* en 1198, meurt à S. Jean d'Acre le I.er avril 1205 (6). Dès 1197, un accord avait arrêté que ses 3 fils épouseraient les trois filles de Henri II comte de Champagne et d'Isabelle reine de Jérusalem : Marie, Alix et Philippine. Par suite de la mort prématurée de Marie, l'ainée des filles d'Henri de Champagne, et des deux fils ainés d'Amaury, Guy et Jean, un seul des mariages projetés se réalisa, celui de Hugues avec Alix de Champagne (7).

Première femme : Echive d'Ibelin, fille de Baudouin d'Ibelin, sire de Rama, dont il eut trois fils et trois filles (8).

(1) Strehlke, *Tabul. ord. Teuton.*, p. 21.
(2) Mas Latrie, *Hist. de Chypre*, t. I, p. 53.
(3) *Contin. de G. de Tyr*, dans *Rec. des Hist. des Crois*, p. 151.
(4) Pag. 151, chap. X, cf. p. 191, 3 et 4.
(5) *Contin.* p. 154, Var. C. G.
(6) *Hist. de Chypre*, t. I, p. 166.
(7) *Hist.*, t. I, p. 142 et n. 4.
(8) *Hist.*, t. I, p. 167; t. II, p. 10.

Enfants : 1. Guy [9] fils aîné, mort avant 1205, aurait eu le titre de Sénéchal de Chypre, suivant le P. Lusignan.

2. Jean [10], mort avant 1205.

3. Hugues I.er [11], roi de Chypre, qui suit.

4. Bourgogne [12], que les historiens modernes ont confondue avec la fille d'Isaac Comnène, ancien souverain de Chypre, et qu'ils ont mariée à tort à Raymond VI, comte de Toulouse (1). Elle épousa Gautier de Montbéliard, fils d'Amédée de Montfaucon, comte de Montbéliard (2), lequel fut régent de Chypre, sous la minorité de Hugues I.er, son beau-frère, 1205-1210 (3) et qui mourut vers 1214 (4). Elle en eut : Echive de Montbéliard, femme I.º de Gérard de Montaigu, neveu d'Eustorge, archevêque de Nicosie (5) ; II.º de Balian III, sire de Beyrouth, mariage cassé d'abord pour cause de parenté par l'archevêque de Nicosie, régularisé ensuite, moyennant dispenses, par Grégoire IX (6).

5. Alix [13], morte jeune de la lèpre (7).

6. Héloïse [14], femme I.º d'Eudes de Dampierre ; II.º vers 1210, de Raymond Rupin, dit le *Prince Rupin*, comte de Tripoli, neveu du roi d'Arménie, qui l'enleva à Eudes de Dampiere, avec lequel elle n'était peut être que fiancée (8), Il en eut Marie, héritière des seigneuries du Toron et des deux Karac ou de Montréal, qu'elle apporta en 1240 à Philippe de Montfort, devenu seigneur de Tyr en 1243.

Seconde femme, en 1198 : Isabelle I.re reine de Jérusalem, dont il eut un fils et deux filles : Amaury, Mélissende et Sibylle.

Enfants : 1. Amaury [15], que le continuateur de G. de Tyr appelle, en raison de son bas âge, *Amaurion*. Suivant ce chroniqueur, Amaury aurait survécu à son père et serait mort peu de temps après lui (9). Mais d'après le contin. de Robert du Mont, comme l'a remarqué Tillemont, il mourut plus vraisemblablement à la fête

(1) *Hist.*, t. I, p. 157 et 159, n. 3.

(2) *Hist.*, t. I, p. 167 ; t. II. p. 10, 13.

(3) *Hist.*, t. I, p. 171, 175.

(4) *Hist.*, t. II, p. 14, n.

(5) *Hist.*, t. II, p. 18 ; t. III, p. 630.

(6) Matth. Paris, ann. 1339 ; *Hist. de Chypre*, t. II, p. 62, n. 6 et 7 ; t. III, p. 629 et n. 2.

(7) *Hist.*, t. II, p. 10.

(8) *Hist.*, t. I, p. 167 ; II, p. 10.

(9) Liv. XXX, ch. XI p. 305.

4

de la Purification (2 février 1205), et par conséquent quelques mois avant son père (1).

2. Mélissende [16], qui épousa en 1218 Boémond IV, dit *le Borgne*, prince d'Antioche. En 1249, Innocent IV recommande ses droits au bailliage de Jérusalem (2). Elle survécut à toutes ses soeurs. Peut être n'existait elle plus en 1258 (3). Certainement elle ne vivait plus en 1269 (4). — Elle fut mère d'Héloïse [16ª] et de damoiselle Marie d'Antioche [16ᵇ], qui, après avoir contesté la régence et le trône de Jérusalem à son neveu Hugues III, devenu roi de Chypre en 1267, céda ses prétentions à la couronne de Jérusalem en 1277 (5) à Charles d'Anjou, lequel fit immédiatement occuper le chateau d'Acre. Telle est l'origine du droit absolument inadmissible de la maison de Naples au titre royal de Jérusalem, opposé à celui de la maison des Lusignans de Chypre.

3. Sibylle [17], femme de Léon II, dit *le Grand*, roi d'Arménie, qui vint l'épouser en Chypre dans l'année 1210 (6).

1205. HUGUES I.ᵉʳ DE LUSIGNAN [11], roi de Chypre, fils d'Amaury de Lusignan et d'Echive d'Ibelin, né en 1195, mort au mois de février ou au mois de mars 1218 (7), laissant trois enfants de sa femme: Marie, Henri I.ᵉʳ son successeur et Isabelle.

Femme, en 1208, étant lui même âgé de 13 ans révolus, mais encore mineur (8): Alix de Champagne, à peu près du même âge, fille cadette d'Henri II, comte de Champagne, seigneur du royaume de Jérusalem, et d'Isabelle de Jérusalem, fille d'Amaury I.ᵉʳ (9). —Alix, qui eut des difficultés avec ses oncles d'Ibelin au sujet de la régence de son fils (10), se retira en Syrie et se remaria I.º vers 1223, à Boémond d'Antioche, fils ainé et héritier de Boémond

4

(1) *Hist.*, t. I, p. 166, n. 3.
(2) Bibl. Nat., *Rub. des Reg. d'Innocent IV*. Mss. La Porte du Theil, lettre à Eudes de Chateauroux, 9 avril, VI ann.
(3) *Hist.*, t. I, p. 373.
(4) *Hist.*, t. II, p. 416.
(5) *Hist.*, t. I, 455, 456; t. II, p. 80, n. 86, 130.
(6) Dulaurier, *Hist. armén.*, t. I, p. CXII, et *Chron. du Connétable Sempad*, fils du grand baron Constantin, p. 643.
(7) *Hist. de Chyp.*, t. II, p. 33, n. 2.
(8) *Hist.*, t. I, p. 177.
(9) *Hist.*, t. II, p. 9, 10, 12, cf. sur la légitimité de sa naissance t. I, p. 222.
(10) *Hist.*, t. II, p. 15.

IV (1), mariage dissous pour cause de parenté et de la volonté des époux en 1228 (2), avant que Boémond n'eut succédé à son père. Venue en France, où les barons se servirent d'elle contre le comte de Champagne, elle fut recherchée en mariage en 1229 par Pierre Mauclerc, comte de Bretagne (3). Elle transigea en 1234 avec le comte de Champagne au sujet de ses droits au comté (4), retourna en 1235 (5) en Orient, où elle épousa, II.º vers 1241, Raoul de Soissons, sire de Cocuvres, fils cadet du comte de Soissons (6). En 1243, Raoul et Alix furent chargés de la régence de Jérusalem par les chevaliers, qui parvinrent à chasser les Impériaux de Syrie (7). Blessé peu après de quelques résolutions de la haute cour à son égard, Raoul quitta la Syrie, où la reine Alix demeura (8). Elle y mourut en 1246 (9), sans laisser, paraît il, d'enfants de ses deux derniers mariages.

Enfants : 1. Marie [18], dite la *Comtesse Marie*, l'aînée des trois enfants de Hugues I.er et d'Alix de Champagne : « Je suis « fis de la comtesse Marie, qui fust ainsnée de vostre mère, et l'ains- » née des enfants du roy Henry nostre oncle ». Réponse de Hugues de Brienne, fils de Marie, en réclamant la régence de Jérusalem, en 1264, contre son cousin Hugues d'Antioche (10).— Elle épousa, en 1233, Gautier IV dit *le Grand*, comte de Brienne, devenu vers cette époque comte de Jaffa, neveu du roi Jean de Brienne, fait prisonnier à la bataille de Gaza perdue contre les Karismiens en 1244 et mort peu après (11). — Marie de Lusignan vivait encore en 1247 (12). Elle mourut, avant le roi Henri son frère (1254), et par conséquent long-temps avant sa soeur Isabelle (13).

(1) *Hist.*, t. I, p. 215, 219.

(2) *Hist.*, t. I, p. 220, n. 1. p. 305 ; t. II, p. 47, 48, 61, n.

(3) *Hist.*, t. I, p. 305, n. 4 ; t. II, p. 41, 49, n.

(4) *Hist.*, t. I, p. 306.

(5) *Hist.*, t. I, p. 308.

(6) *Hist.*, t. I, p. 321.

(7) *Hist.*, t. I. p. 326.

(8) *Hist.*, t. I, p. 332, et n. 2.

(9) Sanudo, p. 218, Amadi, cf. *Hist.*, t. I, p. 337.

(10) *Hist.*, t. I, p. 402 ; t. II, p. 15, 60, 70, n. 2 et 3. *Assises*, t. II, p. 403.

(11) *Hist.*, t. I, p. 336, 337 ; *Contin. de G. de Tyr*, p. 430 ; Joinville, éd. de Wailly, p. 50, 252, 266, 294. Voy. la série chronol. des *Comtes de Jaffa*, dans l'*Archivio Veneto*.

(12) *Hist.*, t. II, p. 70, n. 3.

(13) Doc. sur la success. *Assises*, t. II, p. 403, 405, 415, et *Hist. de Chypre*, t. I, p. 402.

Voy., pour la descendance de la Comtesse Marie, les *Comtes de Brienne* en France, les *Comtes de Lecce* en Italie, et les *Ducs d'Athènes* en Morée. (1)

2. Henri I.er [19] roi de Chypre, né en 1217, qui suit.

3. Isabelle de Lusignan [20], née avant 1218 (2), femme de Henri d'Antioche, dit le *prince Henri*, fils de Boémond IV d'Antioche, tige de la seconde race des rois de Chypre, parvenue au trône en 1267, en la personne de Hugues III d'Antioche-Lusignan [22], fils d'Isabelle et d'Henri. Ce mariage, projeté dès 1227 (3), semble n'avoir été effectué que vers l'an 1233 (4). — En 1257 (v. s.) Isabelle et Henri, alors à Nicosie, ratifient les anciens accords de leur mère Alix au sujet de ses terres de Champagne (5). Isabelle mourut en 1264 (6).

1218. HENRI I.er DE LUSIGNAN [19], roi de Chypre, fils de Hugues I.er et d'Alix de Champagne, surnommé *le Gras* (7), né le 3 mai 1217 (8), succéda à son père en février 1218, sous la tutelle de sa mère et de son oncle Philippe d'Ibelin. Il ne prit comme son successeur que le titre de seigneur du royaume de Jérusalem (9). Couronné avant sa majorité en 1227 (10), il mourut à Nicosie le 18 janvier 1253 (11).

Première femme, en mai 1229, à Limassol: Alix de Montferrat, fille de Guillaume IV, marquis de Montferrat, petite nièce de Conrad de Montferrat, seigneur de Tyr (12), morte sans laisser d'enfants, pendant le siége de Cérines, à la fin de 1232 ou au commencement de 1233 (13).

Seconde femme, au moins dès l'an 1237, puisqu'à cette

(1) Ces indications se réfèrent à une publication actuellement sous presse qui aura pour titre: *Trésor de Chronologie, d'Histoire et de Diplomatique*.
(2) *Hist.*, t. II, p. 15.
(3) *Hist.*, t. II, p. 48 et n. 5.
(4) *Hist.*, t. I, p. 276.
(5) Cf. *Hist.*, t. I, p. 308; t. II, p. 69.
(6) *Cont. de G. de Tyr*, p. 448.
(7) *Hist.*, t. I, p. 359, n. 1.
(8) *Hist.*, t. I, p. 197; t. II, p. 34, n.
(9) *Hist.*, t. II, p. 66, n. 2.
(10) *Hist.*, t. I, p. 228.
(11) *Hist.*, t. I, p. 358.
(12) *Hist.*, t. I, p. 253, 293.
(13) *Hist.*, t. I, p. 293.

date Grégoire IX, adresse une lettre au roi, et à la reine de Chypre (1): Stéphanie ou Estéphanie de Lampron, fille du grand baron Constantin de Lampron, soeur d' Héthoum ou Haïton I.er, roi d' Arménie depuis 1226 (2), et soeur du connétable Sempad l' historien (3). Sempad adressa de Samarkhande, le 7 février 1247 ou 1248, au roi de Chypre son beau frère et à sa soeur E. (Estéphanie), une lettre précieuse qui nous a été conservée par Vincent de Beauvais (4). Le I.er avril 1249, la reine Stéphanie vivait encore, mais elle était malade à Nicosie (5). Elle dut mourir peu de temps après. Elle ne laissa pas d' enfants.

Troisième femme, au mois de septembre 1250 : Plaisance d' Antioche, fille de Boémond V, prince d' Antioche (6) et de Lucie de la famille romaine des comtes de Signia. Plaisance, devenue veuve, se remaria vers la Pâques (12 avril) 1254, et peu avant le départ de S. Louis de Terre Sainte, avec Balian I.er d' Ibelin, sire d' Arsur, que S. Louis avait armé chevalier le jour même des Pâques, et qui était fils de Jean d' Ibelin, régent de Jérusalem au nom du roi de Chypre (7).

On ne sait s' il y eut seulement fiançailles ou mariage réel entre la reine de Chypre et Balian d'Ibelin. Le 28 août 1255, Alexandre IV ordonne à l' archevêque de Nicosie de casser *(irritare)* cette union pour cause de parenté (8), et le continuateur de Guill. de Tyr rapporte, comme Sanudo, que les deux conjoints se dégagèrent de leurs promesses réciproques en 1258 (9). Il est très probable qu'ils en étaient encore aux fiançailles et que le mariage effectif ne fut pas prononcé (10). — Plaisance mourut le 22 septembre 1261 (11); le 27 suivant Amadi (12).

(1) *Hist.*, t. II, p. 61, n. 1.
(2) *Contin.* de G. de Tyr, p. 408; Sanudo, p. 215, ann. 1238.
(3) Dulaurier, *Hist. Armén.*, t. I, p. 605.
(4) Edit. de Douai, t. IV, p. 1316; cf. D'Achery, *Spicil.*, t. III; Reinhard, *Gesch. von Cyp.*, t. I, pr. p. 44; Abel Rémusat, *Mém. Acad.*, t. VI, p. 434, 456, V. de Beauvais, *Hist.*, t. XX, p. 360.
(5) Lettre du légat au pape. D'Achery, *Spicil.*, t. III, p. 624 et suiv. Reinhard, t. I, pr. p. 43.
(6) *Hist.*, t. I, p. 358.
(7) *Hist.*, t. I, p. 365, n. 2. Tillemont, *Vie de S. Louis*, t. IV, p. 30.
(8) *Hist.*, t. II, p. 68.
(9) *Hist.*, t. II, p. 69, n. 1.
(10) Voy. *Hist.*, t. I, p. 374.
(11) *Contin.* p. 446.
(12) *Hist.*, t. I, p. 385.

Enfants : Hugues II, qui suit [21].

1253. Hugues II. de Lusignan [21], roi de Chypre, seigneur du royaume de Jérusalem, fils d'Henri I.er et de Plaisance d'Antioche, né peu de mois avant la mort de son père (1), lui succéda sous la régence de sa mère. Il mourut à Nicosie le 5 décembre 1267, veille de la Saint Nicolas, sans laisser de postérité (2).

Femme, en 1265 ou 1266 : Isabelle d'Ibelin, fille et héritière de Jean II d'Ibelin, sire de Beyrouth. Isabelle apporta la seigneurie de Beyrouth aux trois maris qu'elle épousa après la mort du roi Hugues, sans laisser d'enfants d'aucune de ces unions : Raymond l'Étranger, Nicolas l'Aleman de Césarée et Guillaume Barlas (3). Isabelle mourut après 1277, laissant la seigneurie de Beyrouth à sa sœur Echive, par laquelle le titre et le fief passèrent à la famille de Montfort (4).

1267. Hugues III d'Antioche-Lusignan (22), roi de Chypre, et de Jérusalem, fils d'Henri d'Antioche, dit le *Prince Henri* (lui même fils de Boémond IV) et d'Isabelle de Lusignan, fille du roi Hugues I.er, dont il prit le nom comme héritier de sa maison, en abandonnant le nom paternel (5). Régent du royaume de Jérusalem depuis 1264 (6), il succéda à son cousin germain Hugues sur le trône de Chypre à la fin de l'année 1267 ; il fut proclamé roi de Jérusalem par la Haute Cour de S. Jean d'Acre, vers le mois d'avril 1268, du vivant de Conradin (7), nonobstant l'opposition de sa tante Marie d'Antioche, sœur de son père (8). Il mourut à Tyr le 26 mars 1284 (9).

Femme : Isabelle d'Ibelin, fille de Guy d'Ibelin, connétable de Chypre, 5.e fils du vieux sire de Beyrouth, Jean d'Ibelin (10) ; morte le 2 juin 1324 et inhumée à S. François de Nicosie, aux pieds du roi Henri II son fils (11), après avoir eu dix ou onze en-

(1) *Hist.*, t. I, p. 363.
(2) *Hist.*, t. I, p. 418.
(3) *Hist.*, t. I, p. 419. Voy. les *Sires de Beyrouth*.
(4) Cf. *Hist.* t. I, p 419.
(5) *Hist.*, t. I, p. 421 ; t. II, p. 73.
(6) *Hist.*, t. I, p. 399, 406, 424.
(7) *Hist.*, t. I, p. 427 ; t. II, p. 73, n. 2.
(8) *Hist.*, t. I, p. 424 ; t. II, p. 66 ; 73 n. ; 130.
(9) *Hist.*, t. I, p. 473.
(10) *Lignages*, ch. 2 et 8.
(11) Amadi, fol. 240.

fants, 6 fils : Jean, Boémond, Henri, Amaury, Guy, Camérin, et 4
ou 5 filles : Marie, Marguerite, Alix, Héloïse, et peut être une fille
nommée Isabelle.

Enfants : 1. Jean Ier, roi de Chypre, qui suit [23].

2. Boémond [24], qui, suivant le P. Lusignan, prit l'habit de
religieux dominicain, rentra ensuite dans le monde et porta le titre
de *Prince de Galilée* (1). Il mourut du vivant de son père, le 3 novembre 1283 (2).

3. Henri II, roi de Chypre, qui suit [25].

4. Amaury [26], prince de Tyr, gouverneur du royaume de
Chypre, dont nous donnons la descendance au bas de la page (3).

---

(1) Le P. Lusignan, *Généalogies de Jérusalem. Princes de Galilée,* p. 53.
(2) Sanudo, p. 229; *Hist. de Chypre,* t. I, p. 472.

(3)   *Descendance d'Amaury de Lusignan, prince de Tyr.*

AMAURY [26], 4.e fils du roi Hugues III d'Antioche–Lusignan et d'Isabelle d'Ibelin, frère du roi Henri II, reçut le titre de *Prince de Tyr.* Il est ainsi
appelé dès 1288 (1); et en 1292, qualifié *Dominus Tyri* (2). En 1306, fort de
l'appui d'une partie des chevaliers et de ses propres frères, il s'empare de l'autorité et exile le roi en Arménie (3). Il prit alors les titres de *Prince de Tyr,
gouverneur du royaume de Chypre* (4). Il fut poignardé par Simon de Montolif
le 5 juin 1310 (5).

Femme en 1295 : Isabelle d'Arménie, appelée par les Arméniens *Zabel* et
Zabloun, fille de Léon III roi d'Arménie (6). Isabelle ne vivait plus en 1323 (7).
Elle avait possédé, entre autres terres, en Chypre, les villages de Tricomo (8),
et de Stambolu (9).

Enfants : 1. Hugues [26a], dont on ne sait rien de positif. Le P. Lusignan
en fait, à la légère, le premier roi d'Arménie de la race des Lusignans et lui
donne une fabuleuse descendance (10); — 2 Henri [26b], mort en prison à Sis
avec sa mère (11); — 3. Guy [26c], en arménien *Kouidon,* proclamé *roi d'Arménie* après le meurtre du roi Jean ou Constantin III, son frère, et tué comme

---

(1) Amadi, fol. 125.
(2) *Lib. jurium reip. Gen.,* t. II, col. 276.
(3) *Hist.,* t. II, p. 101-115; t. III, p. 679, 680.
(4) *Hist.,* t. II, p. 108, et n. 3; 136.
(5) *Hist.,* t. II, p. 116, 117; III, 523. Amadi, et Fl. Bustron, ann. 1310.
(6) Dulaurier, *Hist,* t. I, p. CXV, 543, cf. Rinaldi, 1318, § 17, *Dilecte in Christo filie,
nobili mulieri Isabelle, clare memorie regis Armenie filie, domine Tyri. Dat. Kl. Maii.*
Reg. de Jean XXII. Mss. de Cambrai, fol. 162, verso.
(7) Rinaldi, *annal. eccles.,* 1323, § 12, 13, et cf. le n.° 2 de ses enfants.
(8) Amadi, fol. 210.
(9) *Hist.,* t. II, p. 112, 114.
(10) Voy. le *Tableau généal.* dans M. Dulaurier, *Hist. Arm.,* t. I ; p. 683.
(11) M. Dulaurier, p. CXV.

5. Guy [27], 5.e fils d'Hugues III, nommé le connétable. Appelé à la connétablie de Chypre à l'avénement de son frère Henri II, en 1285, il est mentionné comme connétable le 17 mai 1292 (1), et mourut en 1302 ou 1303 (2), laissant deux enfants : — un fils de trois ans qui fut le roi Hugues IV [34], — et une fille Isabelle [35], tous deux enfants de sa femme, Echive d'Ibelin, dame de Beyrouth, petite fille de Guy Ier de La Roche, cousine des ducs d'Athènes, Gautier de Brienne et Guy de La Roche, à qui elle contesta le duché en 1309.

Isabelle de Lusignan [35], fille de Guy et d'Echive, fut demandée en mariage pour Michel Paléologue, fils d'Andronic III. Le roi de Chypre ayant déclaré ne pouvoir consentir au mariage qu'avec l'assentiment du pape, les ambassadeurs quittèrent l'île, sans attendre la réponse apostolique (3). Isabelle épousa Eudes de Dampierre, connétable de Jérusalem. C'est elle : *sa feale et amé seur, Ysabeau de Lessignian, connestablece dou royaume de Jérusalem,* et son mari: *noble feel et amé frère en ley Heudde de Dampierre,* etc., qui sont nommés dans les formules de la chancellerie du roi Hugues IV, leur frère (4). C'est encore vraisemblablement d'Isabelle qu'il est question dans le passage du mémoire de l'in-

---

lui, après avoir régné deux ans (1) ; — 4. Jean [26d] ou Djiwan, qui reconnu *roi d'Arménie* en 1342, sous le nom de Constantin III, fut tué par les grands après un an de règne. Il laissa une fille, Marguerite de Lusignan [26dd], femme de Manuel Cantacuzène, despote de Morée ou de Mistra, fils de l'empereur Jean Cantacuzène, mort, suivant M. Hopf, le 25 mars 1380 (2). D'après Léonce Machera et Strambaldi, qui nous font seuls connaitre le nom de cette petite fille du prince de Tyr, Marguerite de Lusignan, venue en Chypre, en 1372, sur sa propre galère pour assister aux fêtes du couronnement de Pierre II, se fixa dès lors ou retourna plus tard dans l'île. Elle recevait annuellement de Chypre mille ducats, provenant d'Aradippo et des autres fiefs de son grand-père, dont elle avait hérité (3) ; — 5. Boémond [26e] ; — 6. Marie ou Agnès [27f], qui épousa son cousin germain, Léon IV, *roi d'Arménie,* fils de Thoros et d'Héloïse de Lusignan.

(1) *Liber jur. reip. Gen.,* t. II, col. 276.

(2) Amadi, fol. 138, 172 ; Fl. Bustron, fol. 232.

(3) G. Pachymère, *de Andr. Paleol.* t. II, p. 205 ; Nicéph. Gregoras, t. I, p. 194, éd. Bonn.

(4) *Assises,* t. II, p. 383.

(1) M. Dulaurier, p. CXVI.

(2) *Chron. gréco-rom.,* p. 536.

(3) Machéra, édit. Sathas, p. 225-226 ; Strambaldi, cf. ms. de Rome, fol. 113 ; 208, verso, qui à cette occasion appelle le despote de Morée: *Manoel Cantacusino, imperatore de' Greci et d'Aradippo ;* cf. Amadi, fol. 262.

fant de Majorque (ann. 1340 § 6), où le prince parle d'une visite rendue par sa femme Echive à sa tante, soeur du roi Hugues, nouvellement accouchée, au village de Calota près de Famagouste (1).

6. Aymeri [28] dit *Camerin*, créé connétable de Chypre à la mort de son frère Guy, en 1302 ou 1303 (2), qualifié en 1306 *conestabilis regni Cypri* (3). Il fut très hostile au roi Henri II, son frère, qui lui enleva la connétablie en 1310. La dignité lui fut rendue, par le roi, vraisemblablement au retour de son exil en Arménie. Le 19 avril 1316, Pierre le Jaune, en débarquant à Famagouste, apprend sa mort récente (4). Il avait acheté le village de Stéphanovatili, dans la Messorée (5).

7. Marie [29], *reine d'Aragon*, troisième femme de Jacques II, roi d'Aragon, déjà veuf d'Eléonore d'Angleterre et de Blanche d'Anjou (6). — En 1314, Hugues Bédouin, évêque de Limassol et Amaury, plus tard évêque de Paphos, avaient été envoyés en Aragon par le roi Henri II, pour négocier cette union (7). Le mariage fut célébré par procureurs à Nicosie le 15 juin 1315 (8). Marie partit peu après et relacha à Palerme le 5 septembre 1315 (9). Pierre le Jaune, qui l'avait accompagnée en Aragon, était de retour en Chypre le 19 avril 1316 (10). — Marie de Lusignan fit son testament à Tortose le 2 avril 1319; elle mourut vers le milieu du mois d'avril en cette ville et, conformément à son désir, y fut inhumée dans l'église des religieux de S. Dominique, église détruite aujourd'hui (11). Je doute donc de l'authenticité d'une épitaphe que j'ai lue dans un recueil des archives de Barcelone, de laquelle il résulterait que la reine Marie serait morte à Barcelone le 2 novembre 1322, et aurait été inhumée au couvent des Franciscains de cette ville, bien que cette dernière assertion soit acceptée par Wadding. Suivant l'auteur des Annales des Mineurs (12) les deux reines Marie

(1) *Hist.*, t. II, p. 186, n.
(2) Amadi.
(3) *Hist.*, t. II, p. 102, 136.
(4) *Hist.* t. III, p. 703 Lettre de Nicosie du 24 mai.
(5) *Hist.*, t. II, p. 112.
(6) Bofarull, *Los condes de Barcel.* t. II, p. 256.
(7) Wadding, t. VI, p. 224, 2.e édit.
(8) *Hist.*, t. III, p. 702; Carbonell, fol 86 v.°; Zurita, éd. 1604, part II, l. VI, c. 16, f. 23.
(9) *Anonym. Sicul.* Muratori, t. X, col. 882.
(10) *Hist.*, t. III, p. 703. Lettre du 24 mai.
(11) Zurita; Bofarull, p. 257.
(12) Tom. I, p. 312, 1214, § 30

de Lusignan et Eléonore d'Aragon, celle ci femme de Pierre Ier de Lusignan, auraient été inhumées dans la même église de S. François à Barcelone.

8. Marguerite [30], *reine d' Arménie*. Elle épousa, on ignore à quelle époque, Haïton ou Héthoum II, qui devint roi d' Arménie en 1289, qui abdiqua en 1305, en faveur de son neveu Léon IV, prit l' habit de religieux franciscain sous le nom de frère Jean, et fut tué en 1307 (1).—Le 23 mai 1286, la cour de Rome avait donné des dispenses pour le mariage de l' une des filles du roi Hugues III de Chypre avec l'un des fils du roi d'Arménie (2).—Marguerite ne vivait plus en 1324, à l'avénement de Hugues IV son neveu.

9. Alix [31], femme de Balian d' Ibelin, prince de Galilée, seigneur de Tibériade en Syrie, seigneur de Morpho et d' Akaki, en Chypre. Son mari, très hostile au roi Henri II, fut renfermé dans les grottes de Cérines, où il périt de faim, vers 1316 (3). Alix vivait encore en 1324, à la mort du roi Henri II, son frère (4). Elle est ainsi qualifiée dans les formules de chancellerie du roi Hugues IV, son neveu : *Nostre chere et amée ante Aalis, prinsece de Gualilée et dame de Tabarie* (5). — On a d' elle une lettre adressée à son beau frère Jacques II, roi d' Aragon, de 1316 ou 1322, dans la quelle elle prend les mêmes titres : *Aalis de Leseignian, princesse de Galilée et dame de Thabarie, vostre seurelle, salus* (6). — C' est de la princesse de Galilée, *tante du roi Hugues IV*, et encore vivante, qu' il est question dans une décision du roi, prise devant la Haute Cour pour l'assignation du douaire de Marie de Bourbon, le 31 janvier 1330 (7).

Alix fut mère de Jacques d' Ibelin, prince de Galilée, seigneur de Tibériade (8), que l' on croit être l' auteur de l' *Abrégé des Assises* (9).

(1) M. Dulaurier, *Hist. arm.*, t. I, p. CXIV.
(2) *Hist.*, t. II, p. 85.
(3) Amadi, Fl. Bustron.
(4) *Préambule des Assises*, t. I, p. 3.
(5) *Assises*, t. II, p. 383.
(6) *Hist.*, t. III, p. 699.
(7) *Hist.*, t. II, p. 163, où la note 2 doit être rectifiée. La princesse Lucie est bien la seconde femme de Boémond V. Elle possédait à Nicosie la maison ou l' hôtel qui passa ensuite à la princesse de Galilée, Alix, à la quelle le roi Hugues IV l' acheta.
(8) *Lignages*, ch. 2.
(9) *Assises de Jérus.*, t. I, p. 453.

10. Héloïse [32], *reine d' Arménie*, femme de Thoros III, roi
en 1294, (tué par son frère Sempad, en 1299), mère de Léon IV,
roi en 1305, tué en 1307, qui épousa sa cousine Agnès de Lusignan, fille d'Amaury, prince de Tyr. Héloïse était à Nicosie avec
sa mère en 1310, dans la chambre du roi Henri II, son frère, lors
de l'enlèvement du roi, que les conjurés envoyèrent en Arménie (1).
Elle vivait encore en 1324, à la mort de son frère Henri II, et à
l'avènement de son neveu Hugues IV, qui n'avait plus alors que
deux tantes, soeurs du roi défunt: Alix et Héloïse (2).

11. Isabelle [33], *reine d' Arménie*, première femme d'Oschin
roi d'Arménie, mère de Léon V, morte suivant la chronique de
Sempad en 1310 (3). Divers témoignages rappellent que la reine
Isabelle était soeur d'Amaury de Lusignan, prince de Tyr, tué en
1310 (4).

1284. JEAN I.ᵉʳ DE LUSIGNAN [23], roi de Chypre et de Jérusalem, fils ainé de Hugues III d'Antioche-Lusignan, et d'Isabelle
d'Ibelin, succéde à son père en 1284, et meurt le 20 mai 1285 (5).

1285. HENRI II DE LUSIGNAN [25], roi de Jérusalem et de
Chypre, 3.ᵉ fils de Hugues III et d'Isabelle d'Ibelin, né en 1271.
D'une constitution maladive et débile, Henri II mourut à l'âge de
53 ans sans laisser de postérité, dans la nuit du vendredi 30 au sa-
medi 31 mars 1324 (6). Il fut inhumé à S. François de Nicosie,
près du grand autel.

Femme en 1317: Constance d'Aragon, fille de Frédéric II
d'Aragon, roi de Sicile. Constance s'embarqua en Sicile pour
se rendre en Chypre au commencement du mois de septembre
1317 (7). Son mariage fut célébré à Nicosie le dimanche 16 octobre 1317 (8). Les plus sérieuses autorités établissent que Constance d'Aragon était encore vierge à la mort du roi son mari (9).

(1) Amadi, fol. 184, Fl. Bustron, f. 328.
(2) *Préambule des Assises*, t. 1, p. 3.
(3) Dulaurier, *Hist. Armén.* t. I, p. 666.
(4) Dulaurier, *Introd.*, p. CXIV.
(5) *Hist.*, t. I, p. 475; t. II, p. 84.
(6) *Assises*, t. II, p. 419; Amadi; Fl. Bustron.
(7) *Anonym. Sicul.* ap. Muratori, t. X, col. 864.
(8) Amadi, fol. 237.
(9) Cf. *Hist.*, t. I, p. 493; t. III. p. 712, n.; 718.

— Devenue veuve, elle quitta l'île de Chypre en 1326, suivant
Amadi. On pensa pour la remarier à six partis différents (1);

I.º à Humfroy II de Montfort, sire de Beyrouth, connétable
de Chypre, neveu de Hugues IV, qui mourut le 24 juin 1326 (2);

II.º à Alphonse XI, roi de Castille, qui se maria en 1328,
âgé de 18 ans, à la fille du roi de Portugal ;

III.º à Edouard, fils aîné et successeur, en 1327, d'Edouard III,
roi d'Angleterre (3) ;

IV.º à Robert d'Anjou-Tarente, fils aîné de Philippe de Tarente, prince d'Achaïe, empereur de C. P. qui épousa en 1347, Marie
de Bourbon, veuve de Guy de Lusignan, prince de Galilée (4).

V.º au comte de Ribagorça et d'Ampurias, fils du roi d'Aragon Jacques II. (5) ;

VI.º à Charles d'Evreux, frère de la reine de France (6).

Elle finit par épouser en 1331, Léon V, roi d'Arménie, qui
mourut en 1342, sans enfants (7). Elle avait eu une dot considérable, en argent, en joyaux et en objets mobiliers (8).

1324. HUGUES IV DE LUSIGNAN [34], roi de Jérusalem et de
Chypre, fils de Guy, 5.e fils de Hugues III et d'Echive d'Ibelin (9),
né en 1299 ou 1300, puisqu'il avait 3 ans à la mort de son père,
en 1302 ou 1303 (10) ; élevé auprès du roi Henri II son oncle, qui
l'aimait comme un fils (11). Il fut connétable de Chypre au moins
dès 1318 ou 1319, et vraisemblablement dès la mort de son frère
Camerin, en 1316, puisqu'il se trouvait majeur à cette époque.

Il succéda sur le trône à son oncle Henri II, en 1324, et mourut
le 10 octobre 1359 (12).

Première femme : Marie d'Ibelin, qui mourut peu de temps
après son mariage, sans laisser d'enfants (13).

(1) *Hist.*, t. III, p. 711, n. Schott, *Hisp. illustr.* t. III, p. 174.
(2) Amadi, fol 241. *Hist.* t. III, p. 712, n., 713.
(3) *Hist.*, t. III, p. 712, 713.
(4) Pag. 716, n.
(5) Pag. 719-720.
(6) Pag. 722.
(7) M. Dulaurier, *Hist. arm.*, t. I, p. CXIV.
(8) *Hist.*, t. III, p. 718.
(9) Voy ci-dessus p. 10. Guy, n. 27.
(10) Amadi, fol. 138 et 172. cf. Fl. Bustron, fol. 232.
(11) Amadi et Fl. Bustron, *loc. cit.* et *Hist.* t. I, p. 101.
(12) *Hist.*, t. II, p. 225, 226, n. 1 ; Machaut, *Prise d'Alex.*, p. 19, 278, n. 6.
(13) F. Bustron, fol. ij.

Seconde femme, le 17 septembre 1318. Alix d'Ibelin, fille de
Guy II d'Ibelin, *seigneur du Château de Nicosie* (1), petit fils de
Guy I.er connétable de Chypre, 5.e fils du Vieux sire de Beyrouth.
— Devenue veuve en 1359, la reine Alix d'Ibelin se remaria avec
Philippe de Brunswick-Grubenhaguen, fils d'Henri le Grec (fils
d'Henri I.er le Merveilleux) que le roi Pierre I.er de Lusignan, son
beau fils, créa connétable (et non sénechal) de Jérusalem en 1360,
le jour de son couronnement à Famagouste comme roi de Jérusalem (2). Philippe de Brunswick se fixa en Chypre et prit part aux
expéditions du roi Pierre (3). Il mourut le 4 août 1369, et fut inhumé à S. Dominique de Nicosie (4). — Il avait eu d'un premier mariage une fille, Héloïse de Brunswick, que l'on maria sur ces entre-
faites, au frère du roi Pierre, le prince Jacques, connétable de Chypre, devenu roi de Chypre à la mort de Pierre II, son neveu (5).
— Philippe était frère consanguin d'Othon de Brunswick-Grubenha-
gen, dit *de Tarente*, que Grégorie XI voulait marier en 1372 à la
reine d'Arménie Marie : « Otto, dit le pape, de genere imperiali
» Ottonum de Saxonia, consanguineus regalium Cypri, cujus Otto-
» nis frater habet in consortem matrem clarae memoriae Petri
» regis Cypri (6) », et qui épousa en 1376, Jeanne, reine de
Naples (7).

La reine Alix survécut à son second mari. Il est question
de cette princesse dans nos documents à l'année 1366, où les mots
antiqua regina, la désignent comme vivante (8). Elle vivait encore
en 1385 et 1386, sous le règne de son fils Jacques I.er revenu de
Gênes et couronné roi (9).

Elle avait eu du roi Hugues IV, son premier mari, neuf enfants, six fils et trois filles, (dont nous groupons ici l'énumération
avant de passer aux articles séparés qui les concernent) savoir:

(1) *Hist.* t. II, p. 115 n.; 396, n. 1.
(2) Machera, p. 100; Strambaldi, fol. 36; *Hist.*, t. II, p. 230, 249, 396 n.;
Machaut, p. 289, n. 291, n. 90.
(3) Machaut, p. 284, n. 39.
(4) Strambaldi, fol. 97.
(5) Machera, p. 100; Strambaldi, fol. 36.
(6) Rinaldi, ann. 1372, n. 26.
(7) Un autre Brunswick, Henri, epousa Héloïse d'Ibelin, fille de Philippe d'Ibelin, sénéchal de Chypre, et fut ainsi beau frère du comte de Jaffa.
(8) *Hist.*, t. II, p. 285, n.
(9) *Hist.*, t. II, p. 396, n. 1, 401, n.; Amadi, f. 301; Strambaldi, fol. 197.

1. Guy, prince de Galilée [36]; 2. Pierre Ier, comte de Tripoli, roi de Chypre [37]; 3. Jean, prince d'Antioche [38]; 4. Jacques Ier connétable de Jérusalem, roi de Chypre [39]; 5. Thomas [40]; 6. N. [41]; 7. Marie, qui paraît être l'aînée des filles [42]; 8. Echive [43]; et 9. Isabelle [44].

Enfants: 1. Guy [36] appellé *Jotin*, dans quelques chroniques italiennes, *prince de Galilée, connétable de Chypre* (1) fils aîné d'Hugues IV et d'Alix d'Ibelin. En 1328, le roi Hugues IV, son père, envoie une ambassade en France, pour conclure son mariage avec la fille du duc de Bourbon (2). Guy mourut, du vivant de son père, en 1346 (3), ne laissant qu'un fils Hugues, [36ª], qui disputa la couronne à son oncle Pierre Ier

Femme de Guy de Lusignan, prince de Galilée, en 1329 et 1330: Marie de Bourbon, fille de Louis Ier duc de Bourbon. Le contrat de fiançailles fut dressé et scellé au chateau de Bourbon le 29 novembre 1329 (4). Partie d'Aigues Mortes, sur des galères génoises commandées par Sadoc Doria (5), Marie de Bourbon arriva à Famagouste au mois de janvier 1330 (6). Le contrat de ses fiançailles et des conditions de son mariage fut ratifié à Nicosie le 14 janvier 1330 (7), et le mariage fut célébré dans cette ville le 31 du même mois, ou peu de jours après (8). — Devenue veuve en 1346, et n'ayant qu'un fils, Hugues, dont il sera question plus loin, Marie de Bourbon se remaria à Naples, le 9 septembre 1347, avec Robert d'Anjou-Tarente, prince d'Achaïe, empereur titulaire de C. P. qu'on avait voulu marier en 1325 avec la veuve du roi Henri II de Lusignan (9). — En 1368, veuve de nouveau et se trouvant à Rome avec son fils Hugues, elle fait un accord avec le roi Pierre Ier de Lusignan, son beau frère, au sujet du paiement

(1) Amadi, fol. 241.

(2) *Hist.*, t. II, p. 140. La même année, Andronic III confie la défense de Thessalonique à un Guy de Lusignan, qui ne peut être le fils du roi. Édouard de Muralt, *Chron. Byz.*, t. II, p. 545.

(3) Fl. Bustron, fol. ij.

(4) *Hist.*, t. II, p. 144.

(5) *Hist.*, t. II, p. 158, 160, n. 6 et 161.

(6) Amadi, ann. 1329, fol. 241; *Hist.*, t. II, p. 163, n. 3.

(7) *Hist.*, t. II, p. 161.

(8) *Hist.*, t. II, p. 162. Sur le douaire de Marie de Bourbon. Voy. t. II, p. 144, 147-9, 161-4, 253, 289, 374, 423-6.

(9) Buchon, *Rech. et Matér.*, t. I, p. 59; *Nouv. recherch.*, t. II, I.° p., p. 131; *Notre Hist.*, t. III, p. 716, n.

de son douaire (1). — En 1383, elle reçoit à Gaëte son beau frère Jacques I.er, revenant de Gênes et se rendant en Chypre, où la mort de leur neveu Pierre II l'appelait à régner (2). — En 1387, ayant perdu son fils unique Hugues de Lusignan, *prince de Galilée*, sénateur de Rome, elle fait son testament à Naples entre le mois de février et le mois d'avril, comme impératrice de C. P., et institue pour légataire universel Louis II de Bourbon, grand chambrier de France, son neveu (3), qui plus tard voulut contester le trône de Chypre à son oncle, Jacques I.er de Lusignan (4). Marie de Bourbon, survivant à ses maris et à ses enfant, mourut à à Naples l'année même de son testament, parait-il. Elle dut être inhumée non à Sainte Marie Nouvelle, mais, si l'on se conforma à ses dernières volontés, à Sainte Claire. J'ai vainement cherché son tombeau dans l'une et l'autre église. Je résume ce que l'on sait de son fils dans le § suivant.

HUGUES DE LUSIGNAN [36ª], *prince de Galilée*, sénateur de Rome et compétiteur de son oncle Pierre au trône de Chypre, fils de Guy de Lusignan, frère ainé des roi Pierre I.er et Jacques I.er et de Marie de Bourbon, dont nous venons de parler, se trouvait en France en 1358. Il s'intitule dans une pièce dressée cette année à Toulouse : *chevalier, fils de l'aisné fils du roi de Chypre* (5). Il portait pour armes un écu fascé avec un lion, brisé d'une bande parsemée de fleurs de lys. Il réclama auprès du pape la couronne de Chypre contre son oncle Pierre I.er (6), et le roi envoya en ambassade à Avignon Jean de Morpho, comte d'Edesse, maréchal de Chypre, avec Thomas de Montolif, auditeur du royaume, pour lui répondre et repousser ses prétentions. En 1360, une transaction arrêtée à la cour d'Avignon, assura un revenu annuel de 150 mille besants au prince de Galilée, qui épousa la même année Marie de Morpho, fille ainée de l'ambassadeur, comte d'Edesse (7). Il revint alors en Chypre, suivant les chroniques, avec les envoyés du roi. — En 1361, il était de retour à Avignon, où le pape Innocent

(1) *Hist.*, t. II, p. 289, cf. p. 424, 426.
(2) *Hist.*, t. II. p. 406, n. 4 ; p. 425. Jacques lui remit en passant une somme de 200 ducats sur son douaire.
(3) *Hist.*, t. II, p. 407.
(4) *Hist.*, t. II, p. 144. n. 2, 224, 407, n.
(5) *Hist.*, t. II, p. 223.
(6) Amadi, fol. 244 ; *Hist.*, t. II, p. 144, n. 2.
(7) Strambaldi, fol. 37 ; Amadi, fol. 244.

VI lui conféra la dignité de *Sénateur de Rome* (1). — En 1365, le 28 du mois de mai, il était à Venise avec le roi Pierre I.er son oncle, alors tout occupé des préparatifs de son expédition en Egypte. Il se qualifie dans quelques actes dressés en cette ville *prince de Galilée* (2). Il ne reçut donc pas ce titre, comme on l'a dit, à l'occasion de la prise d'Alexandrie, fait d'armes du mois d'octobre 1365, au quel il prit d'ailleurs une part très brillante (3). — En 1368, il se trouvait à Rome avec son oncle, le roi Pierre, et sa mère, Marie de Bourbon, alors veuve de l'empereur Philippe de Tarente (4). — En 1373, il était en Italie (5), ayant absolument renoncé à la tutelle de son cousin Pierre II de Lusignan (6). — En 1383 (et non 1393), il se trouvait en Pouille avec sa femme et sa famille. Désirant alors revenir en Chypre, il emprunte à Marc Beloxelo, noble vénitien, une somme de 800 ducats, garantie sur les villages d'Arnecha (Larnaca?) et Léondachi, qu'il possédait en Chypre (7). — Il mourut avant sa mère sans laisser d'enfants, et il institua, croit-on, pour héritier universel son cousin, Louis II de Bourbon, par un testament qu'on rechercha vainement (8). L'existence de ce testament et la désignation directe de Louis de Bourbon, comme son héritier par Hugues de Lusignan est très incertaine. Mais Louis de Bourbon ayant été en 1387 formellement institué héritier par sa tante Marie de Bourbon, mère de Hugues de Lusignan, Louis se trouva naturellement héritier du fils et put dès lors agir très légitimement comme tel.

Le 30 juin 1387, le duc Louis II, envoya Jean Benoit et Bertrand Lesgare en Chypre. Ils étaient chargés de s'enquérir de la succession de Hugues de Lusignan, et de s'informer si le prince avait laissé un testament. Ils devaient en outre fonder pour lui un service anniversaire en l'église de S. Dominique de Nicosie, où il avait été inhumé (9). Indépendamment de son testament, on re-

(1) Lettres des 8 janv. et 19 avril 1361. Marténe, *Thes. Anecd.*, t. II, col. 846, 847, 929; Reinhard, *Gesch.*, t. I, pr. p. 82, 83.
(2) *Hist.*, t. II, p. 254.
(3) Machaut, *Prise d'Alex.*, p. 70.
(4) *Hist.*, t. II, p. 291.
(5) Strambaldi, fol. 132; Amadi, fol. 272.
(6) *Hist.*, t. II, p. 346, n.
(7) *Hist.*, t. II, p. 457; et le texte corrigé dans les *Nouv. Preuves, de l'Hist. de Chypre*, p. 98. Doc. du 26 août 1406, n. 13.
(8) *Hist.*, t. II, p. 408, n.; 410, 427, n. 2.
(9) *Hist.*, t. II, p. 409, 445, 447, 450, 453.

cherchait aussi un mémoire dans lequel étaient mentionnées les propriétés qu'il avait laissées en Chypre, à Venise et en Morée (1). — Hugues de Lusignan avait épousé, en 1360, Marie de Morpho, fille de Jean de Morpho, comte d'Edesse, maréchal de Chypre, qui eut une si haute autorité en Chypre en l'absence du roi Pierre I.er (2).

2. Pierre I,er [37] roi de Chypre, qui suit,

3. Jean [38], *prince d'Antioche*, régent du royaume de Chypre sous le règne de son neveu Pierre II, 3.e fils d'Hugues IV et d'Alix d'Ibelin, reçut, peut être dès sa naissance, le titre de *Prince d'Antioche*, que lui donnent les documents de 1349 (3), 1353 (4) et des années suivantes. Peut être fut-il connétable de Chypre dès la mort de son frère Guy en 1346 ; tout au moins eût-il cet office dès l'année 1358 (5). En 1349, encore jeune, il s'enfuit avec son frère Pierre comte de Tripoli, de la cour de Nicosie, pour voyager en Europe ; mais les princes furent peu après ramenés à leur père (6). — Il fut gouverneur du royaume en l'absence du roi en 1363, 1365 et 1368. Ses richesses étaient considérables (7). Il partagea le mécontentement des seigneurs contre les violences arbitraires du roi son frère, mais n'entra pas dans le complot dont le but était de tuer le roi (8). Après la mort de Pierre I.er, il fut régent du royaume, de concert avec Eléonore d'Aragon, mère de Pierre II. Il fut massacré en 1375, sous les yeux de Pierre II, son neveu, à l'instigation d'Eléonore d'Aragon et des Génois (9). Gataro, contemporain, se trompe en disant qu'il fut tué par les Génois dès 1373 (10).

Femme : N. d'Ibelin (11), qui fut retenue quelque temps prisonnière par les Génois à la suite de la prise de Famagouste et de l'assassinat du prince d'Antioche, son mari (12).

(1) *Hist.*, t. II, p. 409, 411.
(2) Guill. de Machaut, p. 321.
(3) Rinaldi, 1349, § 31.
(4) *Cartul. de S. Sophie*, n. 130.
(5) *Hist.*, t. II, p. 224, 225, 230.
(6) *Hist.*, t. II, p. 206, n. 2; Machaut, *La Prise d'Alex.*, p. 278, n. 5.
(7) Amadi, fol. 452; Stramb. fol. 238, 9.
(8) Voy, Guill. de Machaut, p. xxij, p. 290, n. 88.
(9) *Hist.*, t. II, p. 365, n. 428, n.
(10) Muratori, *Script.*, t. XVII, col. 256.
(11) Lusignan, *Descript. de Cypre*, fol. 203.
(12) L. Machera, Strambaldi.

Enfants: 1. Jacques [38ª], *comte de Tripoli*, dont nous marquons la descendance au bas de la page (1). — 2. Hugues [38ª]

(1) *Descendance de Jacques de Lusignan* (38ª), *comte de Tripoli, fils ainé de Jean de Lusignan, prince d'Antioche*.

JACQUES [38ª] reçut le titre de *comte de Tripoli* en 1372, à l'occasion du couronnement de Pierre II, son cousin à Famagouste (1). Il fut le premier des otages emmenés à Gênes par l'amiral Campo Frégoso en 1374 (2).

En 1383, le 19 février, il assista à la conclusion du traité de Gênes: *illustris D. Jacobus de Lusignano comes Tripolitanus* (3). Il rentra en Chypre, en 1385, avec le roi Jacques I.er son oncle, son frère Jean le Bâtard et la plupart des autres otages (4). Il mourut, parait il, avant l'année 1395. Le roi d'Aragon, écrivant en 1397 à sa cousine Marguerite, comtesse de Tripoli, ne parle pas de son cousin (5).

Femme. Vers 1385, à son retour de Gênes en Chypre et par les soins du roi Jacques son oncle, il épousa Marguerite de Lusignan, soeur du roi Pierre II, sa cousine germaine (6), à qui Martin roi d'Aragon écrit en 1397: *a nostra molt cara cosina Margarida, infanta de Xipra et comtessa de Triple; magnifice principisse Margarite, comitisse de Tripol, consanguinee nostre carissime* (7).

Enfants: Jacques eut quatre enfants, deux fils: Jean et Pierre qui furent comme lui *comtes de Tripoli*, et deux filles: Echive et Eléonore.

Il y a quelques difficultés à fixer l'ordre de primogéniture des fils. Du Cange place Pierre avant Jean (8); le P. Lusignan nomme Jean avant Pierre (9), mais il ne le mentionne pas comme comte de Tripoli, et il transfère directement le titre du père, le comte Jacques, à son fils Pierre. Des actes positifs établissant que Jean à porté le titre de comte de Tripoli avant son frère, nous le tenons pour l'ainé.

1. Jean de Lusignan [38ª2], *comte de Tripoli* (qui pouvait avoir alors tout au plus neuf ou dix ans) assiste et est nommé le premier à la réunion des barons, dans la quelle fut dressée à Nicosie, le 16 août 1395, la procuration donnée par le roi Jacques I.er, à son neveu, Jean sire de Beyrouth, pour se rendre en Europe: *Johannes de Lusignano comes Tripolitanus* (10). On est autorisé à croire d'après cette pièce que le prince Jacques, son père, était mort avant 1395.

En 1414, le *comte de Tripoli étant vivant*, le fils dont accoucha la reine Charlotte de Bourbon, qui fut le roi Jean II, reçut le titre de *Prince d'An-*

(1) *Hist.*, t. II, p. 354.
(2) Machera, p. 336; Strambaldi, fol. 179; Amadi, etc. et *Nouv. preuves de Chypre*, doc. contemporains, où par une erreur inexplicable, il est appelé *Prince de Galilée*, p. 75 n. 9.
(3) Sperone, *Real Grandezza di Genova*, p. 136.
(4) *Hist.*, t. II, p. 395, n. 2, 9.
(5) *Hist.*, t. III, p. 792, 794.
(6) *Hist.*, t. III, p. 770, n.; Machera, p. 358, 365; Strambaldi, *Ms. de Rome*, fol. 189, 193, 197; Amadi, fol. 297, 301; Lusignan, *Descript.*, fol. 203.
(7) *Hist.*, t. III, p. 792, 794.
(8) *Familles d'Outremer*, p. 490.
(9) *Généalogies de Jérusalem* etc. (1579); *Comtes de Tripoli*, fol. 45 v.°
(10) *Hist.*, t. II, p. 428.

mourut à Gênes, où il avait été emmené par les Génois avec les ota-

tioche (1). Il semblerait que le *comte des Trois cités* dont Monstrelet annonce l'arrivé à la cour de Charles VI au mois d'avril 1416 (2) dût être nécessairement un *comte de Tripoli*, par conséquent soit Jean, soit son frère Pierre de Lusignan. Nous ne le pensons pas cependant, et nous croyons qu'il y a une légère retification à opérer sur ce point soit au récit de Monstrelet soit aux mss. de sa chronique. Il est incontestable que le prince chypriote qui vint en Europe et qui séjourna quelque temps à la cour de France en 1416, était bien, comme le dit Monstrelet, « le frère du roi de Chypre », le roi Janus alors régnant; mais son titre féodal était *Prince de Galilée*, et non comte de Tripoli. Il s'agit certainement dans le récit de Monstrelet, de Henri, fils du roi Jacques I.er et frère du roi Janus. — On ne connait pas l'époque du décès de Jean. Suivant le P. de Lusignan il serait mort, sans avoir contracté mariage, ou au moins sans laisser de postérité (3), ce qui expliquerait naturellement la transmission du titre à son frère Pierre.

2. Pierre [38ᵃ³], que nous croyons être le cadet des fils de Jacques comte de Tripoli, aurait succédé, à une époque inconnue, peut être vers 1414, à son frère Jean, dans le titre et les avantages de comte de Tripoli. Il fut aussi maréchal ou sénéchal de Jérusalem. On peut admettre avec le P. Lusignan et Lorédano que le roi Jacques I.er, son aieul, le maria (le fiança peut être) en 1387 avec sa fille Isabelle de « Lusignan de la quelle il n'eut pas d'enfants (4) » mais il faut reculer de plusieurs années la célébration du mariage réel, car Jacques son père se maria seulement en 1385.

En 1432, notre Pierre, *Petrus de Lucsignano comes Tripolensis*, assiste à divers actes conclus à Nicosie (5). C'est lui qui est mentionné dans les notes généalogiques de Hugues de Lusignan comme *comte de Triples* (6); c'est lui qui reçoit, vers la même année 1432, comme comte de Tripoli et *sénéchal de Jérusalem*, communication du contrat de fiançailles d'Anne de Lusignan et de Louis de Savoie, avec la mention *très cher cousin*, attendu qu'il était « parent du roy et du sang réal (7) ». C'est encore à lui que nous devons rapporter un article d'un document vénitien de 1448, rappelant une dette du *comte de Tripoli* à l'égard d'un membre de la famille Michieli (8).

En 1436, Pierre tint sur les fonts baptismaux Charlotte de Lusignan, fille ainée du roi Jean II, sa cousine; il lui donna à cette occasion le village de Lacadamia au S. O. de Nicosie, dans le Vicomté (9). Pierre vécut longtemps et ne laissa pas d'enfants. — Il aurait épousé Isabelle, fille du roi Jacques I.er, qui était son grand oncle, frère de son grand père. — Le P. Lusignan n'inscrivant d'autre *comte de Tripoli* après Pierre de Lusignan que le castillan Jean

(1) Machera, p. 380; Strambaldi, fol. 201 v.°; *Hist.*, t. II, p. 529.
(2) *Chron.*, éd. D. D'Arcq., t. III, p. 145.
(3) *Descript. de Cypre*, fol. 203; *Généalogie de Jérusalem*; *Comtes de Tripoli*, fol. 45.
(4) Lusignan, *Descript. de Cypre*, fol. 203.
(5) *Hist.*, t. III, p. 3, 16, n.; Fl. Bustron, fol. 175.
(6) *Nouv. Preuves*, p. 121, 139, n. 3.
(7) *Hist.*, t. II, p. 526, n. 2.
(8) *Nouv. Preuves*, p. 139, art. 8.
(9) Georges Bustron, édit. Sathas, p. 414, qui se trompe en donnant pour père au comte de Tripoli le roi Jacques I.er; c'est sans doute beau-père qu'il a voulu dire.

ges (1). — 3. Le fils naturel qui suit, nommé :

JANOT DE LUSIGNAN [38°]. Le prince d'Antioche eut en outre d'Alix de Giblet, femme de Philippe de Coste, chevalier arménien fixé en Chypre, un fils adultérin, auquel il donna son propre nom de *Jean* ou *Janot*, qu'il fit élever chez lui, et qui devint un grand personnage sous le nom de *sire de Beyrouth*. On cacha l'origine de cet enfant tant que vécut Philippe de Coste (2). — En 1374, Janot fut donné en otage aux Génois, en même temps que son frère Jacques, comte de Tripoli (3), et un grand nombre de chevaliers chypriotes, parmi lesquels se trouve sire Philippe Coste, le mari peut-être d'Alix de Giblet (4). — En 1383, il est témoin à Gênes au traité conclu par le roi Jacques I.er, son oncle, avant son retour en Chypre. Il est ainsi qualifié dans l'acte : *Janotus de Lusignano, natus illustris quondam D. Principis Antiocheni* (5). — En 1385, revenu en Chypre avec le roi son oncle et les autres otages, il reçut du roi, à l'occasion de son premier couronnement, le titre et les avantages de *seigneur de Beyrouth*. Le roi le maria à la même époque à l'une des filles du trop célèbre Jean de Morpho, comte d'Edesse (6), dont l'ainée, mariée vers 1360 à Hugues de Lusignan, *prince de Galilée*, sénateur de Rome, avait suivi son mari en Italie. Janot, témoin en 1391 au traité de Vromoloscia, y est qualifié: *spectabilis miles Johannes de Lusignano, dominus de Baru-*

Tafur, créé par le Jacques le Bâtard (1), on est autorisé à croire que Pierre vivait encore en 1456, lorsque Charlotte de Lusignan, depuis peu mariée à l'infant de Portugal Jean de Coïmbre, et ayant éprouvé quelques déplaisirs dans l'hotel de son père, se retira avec son mari auprès du *comte de Tripoli* (2)·

3. Echive de Lusignan (38ª4) parait être l'ainée des filles de Jacques de Lusignan, comte de Tripoli (3). Elle mourut, vraisemblablement encore jeune, sans avoir été mariée.

4. Eléonore la cadette (38ª5), mourut aussi sans alliance.

(1) P. Lusignan, *Descript.*, fol. 203.

(2) L. Machera, p. 329; Strambaldi, fol. 174 v.°

(3) Machera, p. 336; Strambaldi, fol. 174 et 179; *Nouv. Preuves de Chypre*, p. 76, n.

(4) *Nouv. Preuves*, p. 75 ; Machera, p. 341.

(5) Sperone, *Real Grandezza*, p. 136.

(6) Strambaldi, fol. 197 ; Amadi, fol. 167 ; *Hist.* t. II, p. 396.

(1) *Généalog. de Jérusalem*, fol. 46.

(2) Georges Bustron, p. 414.

(3) Lusignan, *Descript.* fol. 203.

to (1). — La même année, le roi lui donne *Loffu, Pisouri, Chilo* et autres villages (2).

Le 16 août 1395, le roi Jacques envoie le prince Jean en ambassade en Europe par une procuration où il est nommé : *magnificus baro Johannes de Lusignano, dominus de Baruto, nepos et consiliarius noster* (3). — Il était à Venise en avril 1396 (4). Au mois de janvier 1398, il conclut à Paris un traité d'amitié entre le roi de Chypre et le roi de France (5). Après avoir négocié le mariage de Ladislas, roi de Naples, avec Marie de Lusignan, sa cousine, fille de Jacques I.er (6), il assiste en 1403, à Zara, au couronnement de Ladislas, comme roi de Hongrie : *dominus Baruti, de regalibus Cipri et filius fratris regis Cipri* (7). Enfin la mention de Jean de Lusignan, *seigneur de Beyrouth et capitaine de Capoue* en 1417, ne peut se rapporter qu'à lui (8).

4. Jacques I.er [39], roi de Chypre, qui suit ;

5. Thomas [40], ou Thomassin, nommé Thomas (9) en l'honneur de s. Thomas d'Aquin, qui avait dédié le *de Regimine principum* au roi son père, mort jeune le 15 novembre 1340 (10). D'après Lorédano (11) le prince Thomas se serait noyé en jouant dans le bassin d'un jardin, en même temps qu'une de ses soeurs, qui ne peut être Isabelle (12).

6. N. [41], sixième fils, dont nous ignorons le nom, qui survécut au roi Jacques I.er son frère, et qui en l'année 1402 accompagna à Naples sa nièce Marie de Lusignan, fille de Janus, mariée au roi Ladislas. Les chroniques napolitaines nomment ce prince des noms altérés de *signor de Lotrech, et signor de La Mecha* (13).

7. Marie ou Mariette [42] de Lusignan épousa, fort jeune, et peu après 1328, Gautier de Dampierre, frère d'Eudes de Dam-

(1) *Hist.*, t. II, p. 423.
(2) Strambaldi, fol. 198 ; Amadi, fol. 302 ; Machera, p. 373.
(3) *Hist.*, t. II, p. 428.
(4) *Hist.* t. II, p. 404.
(5) *Hist.*, t. II, p. 438, 439.
(6) *Hist.* t. II, p. 478, n. 1.
(7) *Arch. stor. ital.*, t. IV, p. 218.
(8) M. Hopf, *Revue critique*, 1870, t. II, p. 236.
(9) Suivant le P. Lusignan, fol. 202 v.°
(10) *Mém. de l'infant de Majorque*, § 16. *Hist. de Chyp.*, t. II, p. 190.
(11) *Istorie de' Lusig.*, p. 336.
(12) Cf. *Familles d'Outremer*, de Du Cange, p. 72, 73.
(13) *Hist. de Chypre*, t. II, p. 465, n. 3.

pierre, connétable de Jérusalem, qui était mari de sa tante Isabelle (1).

8. Echive de Lusignan [43], qui épousa, peu avant l'année 1338, Fernand II de Majorque, *infant de Majorque*, vicomte d'Omelas, frère de Jacques II roi de Majorque, fils tous deux de Fernand I.er de Majorque, prince d'Achaïe et d'Isabelle d'Ibelin (2). La dot de la princesse, qui parait avoir été fixée à un chiffre considérable, fut inexactement payée (3). Ce mariage au reste devint la source des plus cruels chagrins pour Echive et pour son mari, contre lequel le roi Hugues conçut une haine insensée. Le roi chercha plusieurs fois à faire périr son gendre (4). Il le sépara de force de sa femme dès l'année 1341, bien que le prince eut un enfant (5). Pour fuir une mort inévitable, Fernand fut obligé de quitter furtivement la cour de Nicosie (vers la fin de l'année 1342 ou au commencement de l'année 1343), ce qui redoubla la fureur du roi. Peu de temps avant de quitter l'île de Chypre, l'infant avait adressé au roi son frère un mémoire confidentiel, heureusement conservé, sur les odieux sévices dont il était l'objet (6). Il se loue beaucoup dans ce document de l'affection et de l'appui que lui témoignait toujours Hugues d'Ibelin, second mari de sa mère (7). On ne sait ce que devint Fernand. Sa femme Echive, retenue en Chypre, y mourut en 1363 (8).

Après une première grossesse, qu'interrompit un accident survenu en 1340 (9), Echive était accouchée, au mois d'avril 1341, d'une fille, dont il est question dans le mémoire de l'infant § 19 et 27 (10).

9. Isabelle de Lusignan [44], est vraisemblablement la fille du roi Hugues IV, morte fort jeune, au mois de juin 1340, événement rappelé incidemment dans le mémoire de l'infant de Major-

(1) Cf. Lorédano, p. 308; le P. Lusignan, *Chorograffia*, fol. 77 v.°, et son *Hist.* ou *Descript.*, *de Cypre*, fol. 202 v.°
(2) Voy. *Hist. de Chypre*, t. II, p. 179, et la not. 3; p. 203, n. 2; Zurita, *Annal. de Arag.*, éd. 1604, part. II, l. VI, c. 29, fol. 26.
(3) *Hist.*, t. II, p. 183, 184.
(4) *Hist.*, t. II, p. 190, art. 16; 197, n.
(5) T. II, p. 192, art. 27, 195.
(6) *Hist.*, t. II, p. 182 et suiv.
(7) Pag. 180, n.; 182, n.; 191, 195, 196-198, 201.
(8) *Hist.*, t. II, p. 203, n.
(9) *Hist.*, t. II, p. 186. *Mém. de l'infant*, § 6.
(10) *Hist.*, p. 190, 192.

qué (1). Le P. Lusignan (2) et Lorédano (3) se trompent à ce sujet; ils confondent cette princesse Isabelle avec Isabelle, soeur de Hugues IV, en disant qu' elle avait épousé Eudes de Dampierre, connétable de Jérusalem. (Voy. ci dessus p. 10, n. 35).

1359. PIERRE I.ᵉʳ DE LUSIGNAN [37], roi de Chypre, de Jérusalem, et d' Arménie, fils cadet de Hugues IV et d' Alix d' Ibelin, né le 9 octobre 1329, jour de la fête de S. Denis (4), porta le titre de *Comte de Tripoli* avant son avènement au trône et succéda à son père, par suite de la mort de son frère ainé Guy, le 10 octobre 1359. Couronné déjà *roi de Chypre* du vivant du roi Hugues, le 24 novembre 1358, il fut sacré et couronné *roi de Jérusalem*, avec sa femme Eléonore par le légat Pierre de Thomas, dans la cathédrale de Famagouste, le 24 novembre 1359 (5). Elu *roi d' Arménie* en 1368 par les Arméniens (6); il fut poignardé dans son palais de Nicosie, entre six et sept heures du matin, le mercredi 17 janvier 1369 (7).

Première femme, en 1342, en vertu d'une dispense accordée par le pape Clement VI (8): Echive de Montfort, fille de Rupin de Montfort, sa parente, dont il n' eut pas d' enfants (9).

Seconde femme, en 1353 (10): Eléonore d'Aragon, que quelques chroniqueurs nomment Constance, fille de Blanche d' Anjou-Sicile et de Pierre, infant d' Aragon, comte de Ribagorça, 4.ᵉ fils de Jacques II roi d'Aragon (11), qui entra dans l' ordre des frères

(1) *Hist.*, t. II, p. 188.

(2) Fol. 202 v.°

(3) Pag. 296, cf. Du Cange, *Fam. d' Outremer*, p. 73.

(4) Machaut, *Prise d' Alex.*, p. 5, 277.

(5) Machaut, *Notes*, p. 278, n. 6; *Bolland*, janvier, t. II, p. 1004.

(6) Machaut, p. 222, 287, n. 68.

(7) *Hist.*, t. II, p. 345; Machaut, p. 247.

(8) Bzovius, 1342, § 23; Wadding, § 4, t. VII, p. 254.

(9) Fl. Bustron, fol ij; le P. Lusignan (f. 203) n' a pas connu ce premier mariage.

(10) Eléonore s' embarqua à Barcelone pour se rendre en Chypre le 21 août 1353, ainsi qu' en témoigne l' article suivant du Rubricaire de Bruniquer, que j' ai transcrit aux Archives municipales de Barcelone t. I, p. 130, § XIII, *Vegnudes de reys o princeps*. « Entrada de la infanta Eleonor, filla de l' infant » en Pere, oncle del rey en Pere, la qual havia de anar a Xipre per casar ab » lo fill primogenit del rey de Xipre, fou divendres al primer de Febrer 1353. » Y dimecres, a 21 de Agost de dit any, se embarca en la coca de tres cuber-» tes de la compania de Barcelona per anar a Xipre ».

(11) Carbonel, fol. 90 v.°, 91 v.°

mineurs à Barcelone en 1358, à l'âge de 54 ans (1). — La dot de la reine Eléonore avait été de 42,000 besants ou talents, en dédommagement de laquelle somme le roi Pierre II, son fils, lui donna, en 1392, longtemps après son retour en Aragon, quatre villages situés dans l'île de Chypre (2). — Le roi, malgré les écarts de sa vie privée, avait une réelle affection pour sa femme et cet attachement était réciproque. L'inconduite et les passions de Pierre I.er amenèrent cependant des scènes qui obligèrent la reine à quitter le palais royal, puisque le 2 décembre 1367, Urbain V engage le roi à rappeler Eléonore auprès de lui et à chasser l'indigne adultère, qui souillait sa place (3). C'était Jeanne L'Aleman, veuve de Thomas de Montolif, seigneur de Choulou, dont les amours et les malheurs, chose étrange, ont trouvé des échos sympathiques jusque dans la population indigène de l'île de Chypre (4).

Après le meurtre du roi et le mariage de son fils Pierre II, Eléonore, en mésintelligence avec la reine Valentine de Milan, sa belle fille, fut forcée de quitter l'île de Chypre. Son départ n'eut lieu qu'au mois d'octobre 1380 (5). Au mois de décembre 1381, le roi d'Aragon, Pierre IV, son cousin, lui assurait une pension conditionnelle de 2,000 florins (6). En 1382, il lui donna la ville de Valls près de Tarragone (7). La reine Eléonore mourut à Barcelone, dans un âge fort avancé, le 26 décembre 1417; elle fut inhumée au convent des Franciscains de cette ville (8).

Enfants : 1. Pierre II [45], qui suit, né en 1354.

2. Marie [46], que Lusignan appelle Echive (fol. 203), et dit être morte sans avoir été mariée. Il est certain qu'en 1382, à la mort du roi son frère Pierre II, sans enfants, un parti voulut proclamer la princesse Marie reine de Chypre, en la mariant à un grand seigneur du pays (9). (Voy ci-après la fille de Pierre II).

---

(1) Zurita, t. II, fol. 102; Carbonel, f. 91 v.° Cf. Rinaldi, 1371 § 19; 1375, § 12; Wadding, 1358, § 2, t. VIII, p. 137; 1373, f. 7, § VIII, 274.

(2) *Hist.*, t. III, p. 778.

(3) Rinaldi, 1367, § 13; Reinhard, t. I, pr. p. 90.

(4) M. Gidel a publié des poésies grecques qui les rappellent. *Nouv. études sur la littérat. grecque moderne.* Paris, 1878, p. 447 et suiv.

(5) Machera, p. 360; Strambaldi, fol. 191.

(6) *Hist.*, t. III, p. 761; 797, n. 1; 799.

(7) *Hist.*, t. III, p. 767, 772.

(8) *Hist.*, t. III, p. 761, n. 1.

(9) Voy. L. Machera, p. 366, qui complète et rectifie Strambaldi, fol. 194 et Amadi, fol. 300.

3. Marguerite [47] (que Lusignan nomme Mariette fol. 203), fut fiancée à Milan le 2 avril 1376 à Charles Visconti, duc de Parme, fils de Bernabò Visconti, duc de Milan (1).—Ce mariage, dont il était encore question en 1377 (2), ne fut pas réalisé néanmoins, quoi-qu'en dise le savant M. Pezzana dans son histoire de Parme (3); car Charles de Parme épousa, le 17 avril 1382, Béatrix, fille du comte d'Armagnac (4).—En 1383, la princesse Marguerite n'était pas en-core mariée, cela résulte d'une lettre à elle adressée par son cousin Pierre IV, roi d'Aragon (5). Enfin, vers 1385, trois ans après la mort du roi Pierre II son frère, Marguerite épousa son cousin germain le *comte de Tripoli*, Jacques de Lusignan, fils de Jean, prince d'Antioche, qui avait été massacré en 1375, comme complice du meurtre de Pierre I.er (6). En 1397, le roi d'Aragon, Martin, envoyant diverses lettres à la cour de Chypre, n'oublie pas sa bonne cousine Marguerite: «cara cosina Margarida, infanta de Xipra et comtessa de Triple (7)».

1369. PIERRE II DE LUSIGNAN [45], roi de Chypre et de Jé-rusalem, porta le titre de *Comte de Tripoli* du vivant de son père. Il était né en 1354, puisqu'il avait huit ans en 1362 (8). En 1368, il accompagna en Italie (9) le roi son père, auquel il succéda en 1369, sous la tutelle de sa mère et de son oncle le prince d'Antioche. En 1371, devenu majeur, il fut couronné (10). Il mourut le 3 octo-bre, suivant L. Machera (11), le 13, suivant Amadi (12), de l'an 1382, et fut inhumé à S. Dominique, au dessus des cercueils de son père et de son grand père.

Femme: Valentine I.re Visconti, que M. le comte Litta ap-pelle *Valenza*, 5.e fille de Bernabò Visconti, duc de Milan, et soeur par conséquent de Catherine Visconti, femme du duc Jean Galéas,

---

(1) L. Osio, *Doc. Milanesi*, t. I, p. 180.
(2) *Hist.*, t. II, p. 370, n.
(3) T. I, p. 124.
(4) Osio, t. I, p. 180, n.
(5) *Hist.*, t. III, p. 770.
(6) Lusignan, *Descr. de Cypre*, fol. 203.
(7) *Hist.*, t. III, p. 792. Cf. ci dessus, p. 20.
(8) *Hist.*, t. II, p. 351, n. 2.
(9) *Hist.*, t. I, p. 313.
(10) *Hist.*, t. I, p. 351, n.
(11) Pag. 365.
(12) Fol. 299.

et soeur aussi de Charles Visconti, seigneur de Parme. Le mariage de Valentine avec le roi de Chypre fut célébré par procuration à Milan le 2 avril 1376, le même jour qu' eurent lieu les fiançailles (non suivies d'effet) de sa belle-soeur Marguerite de Lusignan et de Charles Visconti, seigneur de Parme (1). — En 1377, et encore le 15 juin 1378, Valentine de Milan était toujours en Italie, faisant ses apprêts pour se rendre en Chypre (2). Son mariage ne put donc se célébrer dans l' île de Chypre en 1377, comme le disent cependant nos chroniqueurs Léonce Machera (3), Strambaldi (4), et Amadi (5). Valentine s' embarqua à Venise le 4 juillet 1378 seulement (6); elle ne put donc arriver en Chypre le 6 juillet, date qu'on trouve dans la chronique d' André de Redusiis (7). M. Osio marque la mort de Valentine à l' année 1393 (8). — La reine Valentine était tante de la célèbre Valentine de Milan, que nous appellerons Valentine II (9), duchesse d' Orléans, fille de Jean Galéas Visconti et femme de Louis duc d' Orléans, assassiné par le duc de Bourgogne, morte elle même à Paris en 1408. Elle était tante aussi de Philippe Marie Visconti, qui réclamait encore en 1423 du roi Janus de Lusignan, la restitution de la dot de sa tante (10).

Enfant [45ª] : Une fille, d' après la chronique de Reggio (11). Cette enfant dut mourir jeune et avant son père, car la princesse, à qui un faible parti d' ambitieux voulait donner la couronne à la mort du roi Pierre II, en la mariant à un seigneur chypriote, était fille du roi Pierre I.er et soeur du roi Pierre II. Le texte de Léonce Machera, formel à cet égard (12), nous permet de compléter la rédac-

(1) Osio, *Doc. Milanesi*, t. I, p. 180 et cf. ci-dessus pag. 27, n. 3.
(2) *Hist.*, t. II, p. 370, § 5. Osio, t. I, p. 197.
(3) Pag. 357.
(4) Fol. 188 v.º
(5) Fol. 297.
(6) *Annal. Milan.*, ap. Muratori, t. XVI, col. 771. Cf. *Hist. de Chypre*, t. II, p. 373; t. III, p. 815.
(7) Muratori, t. XIX, col. 761.
(8) *Doc. Milanesi*, t. II, p. 115, n.
(9) Valentine II était fille de Jean Galéas et de Catherine, celle-ci fille de Bernabò Visconti.
(10) Osio, *Doc. Milan.*, t. II, p. 115.
(11) Muratori, t. XVIII, col. 90.
(12) Pag. 366.

tion de Strambaldi (1) et d' Amadi (2), et de rectifier ce qui avait été dit ailleurs de ces faits (3).

1382. JACQUES I.er DE LUSIGNAN [39], *roi de Chypre et de Jérusalem,—roi d'Arménie*, à la mort de Léon VI, dès la fin de l'année 1398,— 4.e fils d' Hugues IV et d' Alix d' Ibelin. En 1359 nommé par son père, et peu avant sa mort, connétable de Jérusalem et sénéchal de Chypre (4). En 1365, nommé chevalier et confirmé sénéchal de Chypre par son frère Pierre I.er, après la prise d' Alexandrie (5). En 1372, confirmé connétable de Jérusalem au couronnement de Pierre II, son neveu (6). Emmené comme otage à Gênes en juillet 1374. — Appelé à la couronne en 1382, à la mort de son neveu Pierre, il ne put rentrer en Chypre qu' après plusieurs années. Il débarqua à Cérines avec sa femme le 23 avril 1385 (7), laissant encore à Gênes son fils Janus qui était né en cette ville (8). Il fut couronné roi de Chypre, l' année de son arrivée en 1385, et roi de Jérusalem seulement en 1389 (9). — Jacques I.er mourut le 9 septembre 1398, ainsi que le roi Janus son fils l' annonce dans une lettre datée de Nicosie le 12 du même mois (10). Les chroniques de Chypre fixent également la mort du roi à la même date, le lundi 9 septembre 1398 (11). Il fut inhumé à S. Dominique, à droite du choeur.

Femme (12) avant 1372 (13): Héloïse de Brunswick, fille d'un premier lit de Philippe de Brunswick-Grübenhaguen, connétable de Jérusalem, mort en Chypre en 1369, second mari d' Alix d' Ibelin,

(1) Fol. 194.
(2) Fol. 300.
(3) *Hist.*, t. II, p. 392, n. 4.
(4) Le 17 oct. 1359, suivant Strambaldi, f. 22, 25. Cf. *Hist.*, t. II, p. 224-225.
(5) Stramb., fol. 71.
(6) *Hist.*, t. II, p. 354.
(7) Machera, p. 371; Stramb., f. 197; Amadi, f. 301; *Hist.*, t. II, p. 396.
(8) *Hist.*, t. II, p. 395.
(9) Cf. Machera, p. 372; Stramb., fol. 197; Amadi, f. 301. Le *Relig. de S. Denis*, t. I, p. 637.
(10) Kervyn de Lettenhoven, édit. de Froissart, t. XVI, p. 252.
(11) Machera, p. 375; Strambaldi; Amadi, fol. 199 v.°
(12) Le P. Lusignan a de faux renseignements sur les mariages des rois Pierre I.er et Jacques I.er (fol. 203). Il n' a pas connu Héloïse de Brunswick, et il donne pour femme au roi Jacques I.er Echive d' Ibelin, qui est la première femme du roi Pierre. Lorédano, Du Cange, et même l' Art de vérifier les dates manquent aussi d' exactitude sur tous ces faits.
(13) Puisque N. l' ainée de ses filles naquit en 1372.

femme de Hugues IV et mère de Jacques Ier (1). En 1374, Héloïse
de Brunswick fut emmenée à Gênes, en même temps que son mari
le prince Jacques, alors connétable du royaume, et avec leurs enfants (2). Elle revint en Chypre en 1385, avec son mari, reconnu
roi depuis 1382. Elle survécut au roi Jacques, et mourut sous le
règne de son fils Janus, le 25 (Machera dit le 15) janvier 1422
(n. s.) peu de jours après Charlotte de Bourbon, sa belle fille (3).
Elle fut inhumée à S. Dominique, au dessus du cercueil de son mari.
— Elle eut douze enfants de Jacques Ier, six fils et 6 filles, savoir:
1. Le roi Janus [48], 2. le cardinal Hugues [49], 3. Philippe [50],
4. Eudes [51], 5. Guy [52], 6. Henri [53], 7. N. une première fille
née en 1372 [54]; 8. Marie, née vers 1382 [55]; 9. Agnès, née
vers 1387 [56]; 10. Echive [57], 11. Isabelle [58]; 12. N. 6.^e
fille [59].

Enfants: 1. Janus, qui suit [48];

2. Hugues [49], que Monstrelet appelle *Gilles*, archevêque de
Nicosie, cardinal diacre de S. André, mort en Savoie au mois d'août
1442, dont on trouvera la notice biographique dans l'Histoire des
archevêques latins de Nicosie. Deuxième volume des *Archives de
l' Orient latin.*

3. Philippe [50], connétable de Chypre, témoin au traité de
Nicosie du 7 juillet 1403 (4). En 1411, il est aussi témoin dans un
acte où le roi l'appelle: « Philippe connétable de Chypre nostre
très bien amé frère (5) ». Il est encore témoin au traité de Nicosie de
1414: *magnificus dominus Philippus de Luxignano, conestabilis
regni Cypri* (6).

4. Eudes [51], créé sénéchal de Chypre par le roi Jacques Ier
son père. On croit qu'il fut tué en Corse dans un combat, où il sou-
tenait le parti génois (7).

(1) L. Machera, p. 100, Strambaldi fol. 36.
(2) L. Machera, p. 330. Cf. Strambaldi, fol. 176 et suivant; Amadi.
(3) L. Machera, p. 383. Strambaldi, fol. 202 v.°, Amadi, f. 304, *Hist.*,
t. II, p. 531. Florio Bustron, (fol. 269 v.°, ms. de l'Université de Gênes, frag-
ment sur la bataille de Chiérokitia manquant aux mss. de Paris et de Londres), dit à l'occasion de la prise du roi Janus au mois de juillet 1426, que la
reine Héloïse sa mère, etait morte depuis six ans.
(4) *Hist.*, t. II, p. 467, 468; cf. p. 478, n., j'ai dit par erreur qu'il était
oncle au lieu de frère de Marie reine de Naples.
(5) *Hist.*, t. II, p. 500.
(6) Sperone, *Real Grand.*, p. 142.
(7) Lusignan, fol. 208 v.°. Zurita, dit qu'il mourut à Palerme, *Part.* II,
l. 13, c. 8, fol. 144, éd. Saragosse, 1604, in fol.

5. Guy [52], né après l'année 1396, ou mort avant cette année 1396, puisque le seigneur d'Anglure, qui visita à cette époque là cour de Nicosie, dit que le roi Jacques avait alors quatre fils et cinq filles (1). Suivant le P. Lusignan, Guy aurait eu le titre de connétable de Jérusalem et serait mort sans enfants (2).

6. Henri [53], *prince de Galilée* « du quel nous, derniers de la race de Lusignan, dit le P. Etienne, sommes descendus (3) ». — En 1413, il quitte secrètement l'île de Chypre pour voyager en Europe. C'est probablement ce frère du roi de Chypre, et non le comte de Tripoli, qui vint à Paris et que Monstrelet appelle néanmoins le *comte des Trois Cités* (4). — En 1415, au mois de juillet, il était à Venise (5). C'est peut être pendant son séjour en cette ville que Léonard Giustiniani lui dédia sa traduction des Vies de Lucullus et de Cimon par Plutarque (6). Le jeudi 6 février 1416, le doge de Gênes donne en son honneur un bal et un festin somptueux (7). C'est en cette même année qu'il vint à Paris (8). Le 10 janvier 1419, il arrive à Barcelone (9). — De retour en Chypre, il vécut dans la meilleure intelligence avec le roi son frère et le servit fidèlement (10). — En 1425, lors de la guerre avec les Egyptiens, le roi le nomma chef de l'armée (11). Il fut tué au mois de juillet 1426, à la bataille de Chiérokhitia, dans laquelle le roi fut fait prisonnier (12). Son corps transporté à Nicosie, fut inhumé à S. Dominique (13). Le P. Lusignan dit que le titre de *Prince de Galilée* ne fut plus porté après lui (14).

Femme : Alix de Giblet, *dame de Cérines*, dont il eut 3 enfants : Philippe, Héloïse et Marie.

(1) *Hist.*, t. II, p. 432.
(2) Fol. 203 v.°
(3) *Descr. de Cypre*, fol. 154 v.° Cf. fol. 79 v.°
(4) Voy, ci dessus p. 21, n. 1 ; *Hist.*, t. II, p. 528, n. 4.
(5) Sanudo, *Vite de duchi*, col. 896, 900.
(6) Bandini, *Catalog. des mss. de la Bibl. S. Laurent de Florence*, t. II, col. 720.
(7) Stella, ap. Murat, t. XVII, col. 1266,
(8) Monstrelet, qui l'appelle *comte des Trois Cités*, t. III, p. 145.
(9) Source perdue.
(10) *Hist.*, t. II, p. 532, 533, 537.
(11) Amadi, fol. 305.
(12) *Hist.*, t. II, p. 509 n ; 528 n ; 539.
(13) Lusignan, *Généalogies de Jérus. Princes de Galilée*, fol 53.
(14) *Descr. de Cypre*, fol 79 v.°

Enfants: 1. Philippe Ier [53^a], dont nous donnons ci dessous la descendance (1). — 2. Héloïse de Lusignan [53^b], femme d'Hec-

●

(1) *Descendance de Philippe Ier de Lusignan* [53^a], *fils de Henri de Lusignan Prince de Galilée, tige de la famille du P. Etienne de Lusignan.*

N. Cette généalogie est dressée principalement d'après les notions que le P. Lusignan a insérées dans la première édition de son livre, rédigée d'abord en italien et publiée à Bologne en 1573 (*Chorograffia*, f. 78 v.° à 79 v.°) Ces notions son reproduites en partie dans l'*Histoire des Généalogies de Hiérusalem, Cypre et Arménie*, (Paris 1579) et dans la seconde rédaction de la *Chorograffia* publiée en français à Paris en 1580, sous ce titre: *Description de toute l'isle de Cypre*, petit in 4.° Voy. fol. 203 v.° et suiv. Du Cange a dressé le tableau figuratif de cette généalogie dans le chapitre des Princes de Galilée, *Familles d'Outremer*, p. 466.

PHILIPPE Ier DE LUSIGNAN, appelé le *Petit Prince* [53^a], *sire de Lapithos*, Chiti, Haios Dimitri, Piscopio, Psimilopho et autres villages, au nombre de 24, fils ainé de Henri de Lusignan, *prince de Galilée* et d'Alix de Giblet.

Femme: Echive de Norès, soeur de Jacques de Norès, comte de Tripoli (*).

Enfants: Un seul, Charles ou Clarion qui suit [53^d].

CHARLES DE LUSIGNAN, dit *Clarion* ou *Charion* [53^d] (2), fils ainé de Philippe et d'Echive de Norès, *seigneur comme son père de Lapithos*, Chiti, etc. Sa fidélité à la reine Charlotte de Lusignan l'exposa aux derniers outrages de la part de son neveu Jacques le Bâtard. L'usurpateur employa vainement les flatteries et les violences pour ramener à lui ce prince le dernier représentant des anciens rois légitimes. Ses nombreux fiefs furent confisqués par le roi, qui ne lui en rendit qu'une faible partie (3).

Femme: Hélène Zappe, soeur de Paul Zappe, sénéchal de Jérusalem, qui lui apporta en mariage la seigneurie de Simou dans le Chrusocho.

Enfants: 1. Philippe II, qui suit [53e].

2. Jean [53^f], se retira à la cour du duc de Savoie et y mourut sans laisser d'enfants.

3. Pons [53^g], alla d'abord en Savoie, puis revint en Chypre, où il épousa Médée Podocator, dont il eut: *a)* Charles dit *Clarion*, mort sans enfants; — *b)* Ursule, femme de Louis d'Acre; — *c)* Une seconde fille, morte comme la première sans enfants (4).

4. Mélissende ou Mélusine de Lusignan [53^h], femme de Louis Pamphile d'Acre, dont elle eut: *a)* Chérubine d'Acre, qui épousa peut être en premières noces Jean d'Acre (5) et devenue veuve se remaria avec Carceran de Re-

(1) Peut être Jacques de Norès, seigneur de Péra, Haïa, Haïous et Stronghylo. *Hist.*, t. III, p. 126, n. 6.

(2) *Hist.*, t. III, p. 221, 222.

(3) *Hist.*, t. 221, 222, n.; 259, n. 3; et la *Notice sur ce prince*, p. 241-242, n.

(4) Lusignan, fol. 203 v.°, 204.

(5) Un document des archives Contarini, de l'année 1487, constate que Jean d'Acre avait pour femme à cette époque une dame du nom de Chérubine. Reg. VI, F, fol. I, v.° En 1490, le Sénat ordonne de remettre Jean d'Acre *et sa femme* en possession des fiefs confisqués par le roi le 12 janvier 1472. Archiv. Cont.

tor de Kividés, vicomte de Nicosie, partisan fidèle de la reine Charlotte, que Jacques le Bâtard fit massacrer en 1460 (*Hist.*, III,

quesens, sénéchal héréditaire de Chypre, mort en 1549, petit fils d'Onuphre de Requesens; — et *b)* Pantésilée d'Acre, femme d'Annibal Paléologue, père de Lusignan Paléologue (1), qui était capitaine de Trévise pour le gouvernement vénitien en 1586.

5. Marie de Lusignan [53i], femme de Jacques Gonème, *seigneur de Lapithós*, dit Lusignan, de la famille de Guillaume Gonème, à qui Jacques le Bâtard donna en 1460 l'archevêché de Chypre. Elle eut de nombreux enfants (2).

PHILIPPE II [53e], fils aîné de Charles de Lusignan, et d'Hélène Zappe, grand-père de l'historien Lusignan, redemanda les fiefs de son père à la république de Venise et ne put les obtenir (3). Il périt avec le navire qui le portait, vers 1544, et avant 1546, en revenant de Venise en Chypre (4). — Il eut quatre fils, dont les articles suivront: Phébus [53j], Jason [53k], Hector [53l] et Pierre [53m].

Femme: Isabelle Perez Fabrice, fille cadette du célèbre Jean Perez Fabrice, comte de Jaffa et du Carpas (5).

« Isabelle et Philippe, dit le P. Lusignan en 1580, furent père et mère de » mon père Jazón de Lusignan ». Il ajoute que sa grand mère Isabelle était née du temps de Jacques le Bâtard et qu'elle avait souvent raconté à son père et à lui même l'indigne conduite du roi bâtard vis à vis de Clarion de Lusignan, leur père et arrière grand père (6).

Après la mort de son mari, Isabelle se rendit à Venise en 1546, et y obtint un arrêt favorable dans le procès intenté à Angelo Contarini, comte du Carpas, au sujet de certaines terres (7).

Enfants: 1. Phébus, l'aîné, qui suit sous le n.° [53j].

2. Jason, le cadet, père de l'historien, qui devint chef de la famille, son frère Phébus n'ayant pas laissé d'enfants, et qui suit sous le n.° [53k].

3. Hector, 3.e fils de Philippe II [53l], qui épousa en premières noces, N... d'Acre, *dame de Psimílopho*, dont il eut quatre enfants (8).

a) Philippe III, chanoine de Paphos et archidiacre de Limassol (9).

b) Marguerite, femme d'un gentilhomme de la famille Crispo (10).

c) Louis ou *Alvise*, qui embrassa la carrière des armes.

d) Jérôme, qui après la mort de son frère Philippe, fut nommé à sa place chanoine de Paphos et archidiacre de Limassol (11). Le 23 décembre 1570, à Venise, la filiation et la noblesse de « magnifique seigneur Hiérosme de Lusignan,

(1) Lusignan, fol. 207.
(2) *Descript.*, fol. 203, cf. 207 v.°, et not. *Hist. de Chypre*, t. III, p. 498, n. 5.
(3) *Hist.*, t. III, p. 242, n.
(4) Le P. Lusignan, *Généalogies de Jérusalem. Les comtes de Carpaße*, fol. 61. Cf. Les comtes du Carpas, dans la *Bibl. de l'Éc. des Chartes*, 1880, p. 386.
(5) *Hist.*, t. III, p. 165, n. 4; 242 n.; 311, n.; 320, 333, n. 3; 346, 317, n. 4; 366, 367, n.
(6) *Descript. de Cypre*, fol. 120, et notre *Hist.* t. III, p. 242, n.
(7) Lusignan, *Généalogies de Jérusalem. Les comtes de Carpatie*, fol. 61.
(8) *Descript.*, fol. 205.
(9) Lusignan, *Chorogr.*, fol. 79 v.°
(10) Lusignan, *Chorogr.*, fol. 79. *Descript.*, fol. 205.
(11) Cf. *Chorog.*, fol. 79 v.°; *Descript.*, fol. 205, où la rédaction est plus claire.

85). Il ne faut pas le confondre avec un autre Hector de Kivides,
dit *le Jeune*, à qui le même roi Jacques enleva et rendit certains

» gentilhomme cyprien, âgé de 30 ans ou environ, blanc de couleur, cheveux
» noirs, de médiocre stature, la vue un peu inégale », est attestée par divers
nobles vénitiens, qui l'avaient connu en Chypre et dans un acte notarié que
le P. Lusignan a imprimé en tête de sa *Description de Cypre*. À la suite
du dit acte, Jérome atteste que le révérend père, frère Estienne de Lusignan,
auteur de ce livre, est son plus proche parent et son cousin germain, leurs pères
étant frères. « Hierosme, dit le P. Lusignan en 1580, est encore vivant à Rome,
» auquel le pape a donné pension pour vivre (1) ». Il mourut en cette ville,
attaché, croit on, à la maison du cardinal Cornaro.

Hector épousa, en secondes noces, Marguerite Zorzalemi, et en eut six enfants :

    e) Ambroise, tué, encore jeune, par les Turcs.
    f) Jean Perez, non marié en 1573.
    g) Hercule, non marié en 1573.
    h) Lucrèce, morte jeune vers 1569, et inhumée à S. Augustin.
    i) Laure, qui épousa le fils de Florio Bustron (2).
    j) Marie, Marguerite, ou Mariette, qui épousa Pierre Prévost.

4. Pierre 4.e fils de Philippe II de Lusignan [53m], épousa une fille de la
famille Bustron et en eut les six enfants qui suivent :

    a) Gaspard, qui se maria et n'eut pas d'enfants (3).
    b) Louis, épousa une fille de la famille de Rames et en eut deux enfants :
Hercule, qui était un jeune homme en 1573, et une fille N.... qui épousa un
Placca (4).
    c) Philipppe, épousa N. de Milidoni et n'eut pas d'enfants.
    d) Jean Perez, religieux de Saint Augustin, sous le nom de *Guillaume*,
mort en 1570.
    e) Marguerite, morte sans avoir été mariée, en 1570.
    f) Pierre, qui épousa une fille de la famille Muscorno.

Phébus, fils ainé de Philippe II [53i], et d'Isabelle Perez Fabrice. Il fut
pendant six ans capitaine de Limassol, sous le gouvernement vénitien. En 1521,
il se rendit à Venise dans l'espoir d'obtenir du Sénat la restitution des fiefs
confisqués par Jacques le Bâtard sur son grand père Charles. Il mourut, parait-il,
avant 1573.

Première femme : La soeur de Louis de Verny, dont il eut une seule fille,
Agnès de Lusignan, qui vivait en 1580, mariée à Gaspard Palol. « Ce fut, dit
» Lusignan (5) la dernière qui a eu (en Chypre) le fief des Lusignan, à cause
» que son père estait le fils ainé ».

Seconde femme en 1521 : Isabelle Bertrand « La quelle est encore pour le
» jourdhui (1580) pleine de vie en la ville de Venise, et est appellée *Bembene*,

(1) *Descript.*, fol. 205.
(2) *Descript.*, fol. 205.
(3) *Chorog.*, fol. 79.
(4) *Chorog.*, fol. 79.
(5) *Descript.*, fol. 204

fiefs (*Hist.*, III, 240, n ; 256) — 3. Marie ou Mariette de Lusignan [53ᵉ], femme d'Onuphre de Requesens, gentilhomme espa-

» à cause de son troisième mari (¹) » vraisemblablement un membre de la famille Bembo.

JASON DE LUSIGNAN [53ᵏ], père du chroniqueur, devint chef de la famille à la mort de son frère Phébus, qui ne laissait pas de fils. Il était né en 1497. Dès l'âge de 18 ans, il fut capitaine de Limassol après son frère. Il fut tué par les Turcs au siège de Nicosie en 1570. Il était alors âgé de 73 ans « et n'avait encore ni la barbe ni les cheveux blancs » (²).

Femme: Lucie de Flatre (³), fille de Balian de Flatre, dont il eut dix enfants, que le P. Lusignan énumère dans cet ordre (⁴): 1. Pierre-Antoine; 2. Lusignane; 3. Hélène; 4. Isabelle; 5. Jean; 6. Jacques, dit Etienne (l'historien); 7. Jean-Philippe; 8. Héracle; 9. Hélène 2.ᵉ; 10. Marguerite.

Enfants: 1. Pierre-Antoine, épousa Marie Gonème, dont il n'eut pas d'enfants.

2. Lusignane épousa Dominique de Saint André ou Andrucci, noble chypriote (⁵), dont elle eut deux fils: Fabrice et Philippe (⁶). L'un de ces fils se trouvait encore en 1580 à Famagouste avec sa mère et son père, qui redoutait beaucoup que les Turcs ne s'emparassent de cet enfant pour en faire un janissaire (⁷). Lusignane eut en outre trois filles: Laure Andrucci ou de Saint André, emmenée comme esclave en Cilicie, Lucie et Catherine.

3. Hélène, première du nom, morte au berceau (⁸).

4. Isabelle, fut d'abord religieuse basilienne sous le nom d'*Athanasie* (⁹). Faite prisonnière par les Turcs avant d'avoir prononcé ses vœux, elle refusa d'épouser un musulman, et préféra se marier à un pauvre tailleur chrétien (¹⁰). « Elle est encore de ce monde, dit le P. Lusignan, en 1580, et vit dans une » grande gêne en Chypre, avec son mari et son fils Philippe, au village de » Silikou, dans le Kilani (¹¹) ».

5. Jean prit l'habit religieux de l'ordre de S. Basile, sous le nom d'*Hilarion*, au village d'Antiphoniti dans les montagnes de Kythréa, qui appartenait à la famille du P. Lusignan. Il mourut saintement à Famagouste. pendant le siège des Turcs, après une vie édifiante (¹²).

6. Jacques de Lusignan, qui en entrant dans l'ordre de S. Dominique prit le nom d'Etienne est le célèbre P. de Lusignan, historien de sa famille

(1) *Descript.*, fol. 204.
(2) Lusignan, *Descript.*, fol. 13 v.º
(3) Lucie de Flatre, mère de Lusignan, était cousine de Marie de Flatre, femme de Tulio Costanzo, amiral titulaire de Chypre, qui vivait à Venise en 1579. Lusignan, *Les Généalogies de Jérusalem*, fol. 71 v.º
(4) *Descript.*, fol. 204.
(5) *Descript.*, fol. 82; *Chorograffia*, fol. 79.
(6) *Chorog.*, fol. 79
(7) *Descript.*, fol. 292.
(8) *Descript.*, fol. 204.
(9) *Chorog.*, fol. 79.
(10) *Descript.*, fol. 204.
(11) *Descript.*, fol. 204, 292.
(12) *Descript.*, fol. 204; *Chorograffia*, fol. 79, etc.

gnol, créé sénéchal héréditaire de Chypre par Jacques le Bâtard
(*Hist.*, III, 531). Une pièce des archives Contarini, datée de Famagouste le 24 février 1474, constate qu' Onuphre de Requesens ne
vivait plus à cette époque, et que sa femme et ses enfants avaient
600 mètres de vin à recevoir annuellement sur le casal de Plata-
nistassa. Ils les échangent avec le domaine pour 600 mètres de
vin à prendre, lors du partage, au village de Peristerona de la
Montagne (*Rivendiche feudali*, fol 26).

et de son pays. Il fut grand vicaire de l'évêque de Limassol, pendant quatre ou cinq ans, et résida alors à Limassol. Ce dût être de 1565 à 1568. Il
se rendit ensuite en Europe, séjourna en Italie et en France, et y composa
différents ouvrages, où respire, avec une vive piété, un grand amour pour l'île
de Chypre et pour la France.

En 1573, dans sa *Chorograffia*, publiée à Bologne, il parle ainsi de lui mé-
me « Giacomo figliuolo di Jasone, presente scrittore, si fece frate di San Do-
» minico, et perservererà insino alla morte con questo santo proposito (1) ».

Il a imprimé en tête de la rédaction française, qu'il publia à Paris en 1580,
sous le titre de '*Descr. de l' isle de Cypre*, différentes pièces notariées établissant
surabondamment sa noblesse et sa filiation. Au folio 204 v.º de la *Description*
se trouve cette déclaration qui mérite d'être conservée : « Jacques, autrement dit
» Estienne, religieux de S. Dominique, est l'autheur de ce livre, et celuy qui
» escrivant cette histoire, cherche tous les moyens de faire revivre sa pauvre
» patrie. Iceluy estant en Italie du temps des guerres et de la prinse de son
» pays, et entendant, à son grand regret, la misérable ruine de Cypre et la mort
» de plusieurs de ses parents, s' est retiré en France, se recognoissant Fran-
» çois, et descendu de nation française, et est pour le jourdhuy au couvent des
» frères Prescheurs en ceste ville de Paris, où achevant saintement ses jours,
» est favorisé et caressé des plus grands seigneurs de la France, qui le recoi-
» gnoisent pour parent ».

Sixte V lui conféra l'évêché de Limassol le 27 avril 1588 (2). Il mourut
vers l'an 1590.

7. Jean Philippe, mort à Famagouste, huit jours avant la capitulation de
la ville, en 1570 (3).

8. Hercule, fait prisonnier ou tué par les Turcs, en 1570 (4).

9. Hélène, 2.e du nom, fut la seconde femme du chevalier Démétrius Paléologue, *seigneur d' Eglia*, capitaine de 50 chevaux, qui combattit au siége
de Nicosie (5). Elle en eut quatre enfants : un fils mort jeune ; un second fils
nommé Philippe, emmené esclave à C. P. où il fut obligé de se faire turc
et deux filles, dont l'une nommée Paléologua, toutes deux encore captives à
C. P. en 1580 (6).

10. Marguerite, morte dès sa naissance.

(1) *Chorog.*, fol. 79.
(2) Le Quien, *Or. Christ.*, t. III; Brémond, *Bull. Pred.*, t. V, p. 476.
(3) Lusignan, *Descript.*, fol. 204 v.º, et 232 v.º
(4) *Descript.*, fol. 204 v.º
(5) *La prinse de Nicosie*, à la suite de la *Descript. de Cypre*, fol. 246.
(6) *Chorogr.*, fol. 79; *Descript.*, fol. 292.

7. [54] N. fille du roi Jacques I.er née vers 1372, morte à Rhodes, à l'âge de deux ans, et vers la fin de l'année 1374; pendant que son père, alors seulement connétable de Chypre, épié par les Génois, qui ne tardèrent pas à l'emmener de force à Gênes, séjournait momentanément dans l'île, d'où il voulait se rendre auprès du pape (1).

8. Marie [55], fille du roi Jacques I.er, soeur de Janus, femme de Ladislas, roi de Naples. Elle naquit vers 1382, puisque elle avait 20 ans en 1402, à l'époque de son mariage: *d'età di 20 anni, gentile e savia signora* (2). Son mariage, négocié par le sire de Beyrouth et par Jean Babin (3), fut conclu en Chypre, en 1401, par Guillaume de Tocco, envoyé et mandataire du roi Ladislas (4). Marie arriva à Naples le 12 février 1402, et son mariage se célébra peu après (5). Indépendamment des envoyés napolitains, Marie fut escortée en Italie par une nombreuse suite de chevaliers et par un de ses oncles, que les chroniques nomment *il signor de La Mecca*, nom évidemment altéré (6). Elle mourut à Naples, le 4 septembre 1404, après deux ans de mariage, victime, dit on, des médicaments qu'elle prenait pour hâter le bonheur d'être mère. Elle fut inhumée dans l'église de S. Dominique de Naples. Son oncle était encore auprès d'elle lors de son décès (7).

9. Agnès [56]. Cette princesse, qui ne se maria pas, parait avoir été d'une grande expérience dans les affaires de l'état et d'une haute piété. Elle fut la conseillère habituelle de son neveu Jean II. Elle était née vers l'an 1387, puisqu'elle avait 50 ans vers 1437, époque à la quelle le chevalier Tafur se trouvait à la cour de Nicosie: « Llegó a mi, lit on dans son curieux pélerinage » récemment publié, un escudero de madama Inès, hermana del » rey Janus. Esta señora era muy noble é nunca caso segendo » moça virgen, e siempre estava en el consejo del rey. Serie de la » hedad de cinquenta años (8) ». Les papes Martin IV et Jean XXII

---

(1) L. Machera, p. 333; Strambaldi, fol. 176 v.°; Amadi, fol. 289.

(2) Muratori, *Giorn. Napol.*, t. XXI, col. 1068.

(3) *Hist. de Chyp.*, t. II, p. 478.

(4) *Hist.*, t. II, p. 465.

(5) Muratori, *loc. cit.*

(6) Sans doute un des frères de son père. *Hist. de Chyp.*, t. II, p. 465, n. 3.

(7) *Hist.*, t. II, p. 466, n. 4; Muratori, *Giorn. Napol.*, col. 1069.

(8) *Andances e viages* de Pero Tafur, 1435-1439. Madrid, 1874, t. II, p. 67-68.

---

lui accordèrent divers priviléges au sujet de son confesseur et de ses devoirs religieux. Elle est nommée dans ces pièces *Agnesia de Lusignano nata quondam Jacobi regis* (1). Après la mort du roi Janus son frère, elle s'occupa du mariage de sa nièce Anne avec le fils du duc de Savoie; mais, si elle accompagna alors (1434), ce qui est possible, la princesse en Savoie (2), elle ne se fixa pas encore dans le pays où elle revint plus tard. Elle retourna évidemment en Chypre, et c'est en ce pays que Jean Tafur lui fut présenté dans les années 1435 à 1437. — Peut être l'inscription en 1436 sur le livre d'or de la noblesse vénitienne de l'illustre dame, que Sanudo appelle *Agnese*, et dit être soeur du roi de Chypre, concerne-t-elle notre Agnès. Elle me semblerait cependant plus naturelle pour sa nièce Anne, qu'on a aussi appellée Agnès, et qui avait récemment épousé le fils du duc de Savoie, ami de la république de Venise (3).

Nous ignorons à quelle époque Agnès quitta l'île de Chypre et revint en Savoie avec l'intention d'y prolonger son séjour ou même d'y terminer ses jours. Sans quitter le monde, elle vivait alors comme une vraie religieuse. En 1451, les chanoinesses de Wunsterpen en Westphalie, avec lesquelles elle était vraisemblablement affiliée, l'élurent pour leur abbesse (4). Elle parait être restée néanmoins en Savoie. L'Art de vérifier les dates, Du Cange, et les chroniques de Chypre donnent des notions peu exactes sur les derniers temps et la mort de cette princesse. M. Cibrario a trouvé dans les comptes des trésoriers de Savoie, la mention certaine de sa mort à Venasque près Saluces le I.er mars 1459 (5). Elle fut inhumée à Pignerol (6).

10. Echive [57], que Strambaldi appelle *Civa*, ce qui est bien, et *Zacca*, ce qui est une erreur. En 1382, le roi son père lui assigne une pension sur l'impôt ou mète du sel. Elle mourut quatre ans après, c'est à dire vers 1386 (7).

11. Isabelle [58], sur laquelle on ne sait rien de certain. Il est impossible qu'elle ait épousé en 1387, comme l'on dit, Pierre de

(1) *Nouv. preuves de Chypre*, p. 111, 1415-1421.
(2) *Hist. de Chyp.*, t. III, p. 18, n.
(3) Voy. *Anne* n. 64, pag. 41.
(4) *Hist.*, t. II, p. 432, n.; t. III, p. 18, n.
(5) *Mém. de l'Acad. de Turin*, 2.e série, t. I, p. 389.
(6) *Hist. de Chyp.*, t. III, p. 18, n.
(7) *Hist.*, t. III, p. 228, n. 1.

Lusignan, *comte de Tripoli*, fils de Jacques et petit fils de Jean, prince d'Antioche, si le père de Pierre ne s'est marié qu'en 1385.

12. N. [59], une sixième fille, qui était la cinquième vivante en 1396. Le seigneur d'Anglure, venu à la cour de Nicosie en cette année, vit le roi et la reine entourés de leurs neuf enfants, quatre fils et cinq filles (1). L'aînée était morte à Rhodes en 1374. Cette sixième fille est peut être une Agnès (deuxième du nom), qui serait morte assez jeune sans enfants, dont parle Lorédano.

1398. JANUS DE LUSIGNAN [48], roi de Chypre, de Jérusalem, et d'Arménie, fils aîné du roi Jacques I.er et d'Héloïse de Brunswick, porta le nom de *Prince d'Antioche*, avant son avènement. Il naquit à Gênes, vers l'an 1374 (puisqu'il avait 24 ans lors de son accession au trône) (2) pendant la captivité de son père, l'un des otages de la guerre de 1374. Il reçut le nom de Janus, en souvenir du lieu de sa naissance (3). Il mourut, à peine âgé de 58 ans, le 29 juin 1432, ainsi que le porte son épitaphe (4). — Il y avait eu du vivant de son père des négociations, non suivies d'effet, pour son mariage avec Marie de Navarre, fille de Charles le Mauvais (5).

Première femme, avant l'année 1401: Héloïse ou Louise. Il est question de cette première femme du roi Janus, dont ne parle aucun historien, ni ancien ni moderne, dans trois documents positifs: 1.º dans une pièce de Venise de l'année 1401, où il est dit que la reine de Chypre est soeur de la duchesse de Milan (6): *dicta*

(1) *Hist.*, t. II, p, 432.

(2) Æneas Sylvius, *Asia*, cap. 97, *de Bello Cyprio*.

(3) Strambaldi, Amadi, Pero Tafur, *Andances*, t. I, p. 66.

(4) *Hist. de Chyp.*, t. II, p. 544 n.; Lorédano, p. 571; Fl. Bustron, fol. VII et 174, ms. de Londres. Cette date résulte en outre de la procuration du roi Jean II, son fils, donnée le 8 juillet 1432, neuf jours après le décès du roi son père, *genitoris a novem citra diebus vita functi. Hist.*, t. III, p. 3.

(5) Kervyn de Lettenhove, *Froissart*, t. XVI, p. 253.

(6) En 1401, la duchesse de Milan était Catherine Visconti, femme de son cousin Jean Galéas Visconti, duc de Milan, fille du duc Bernabò, mort en 1385. Cette reine de Chypre, nommée Héloïse ou Louise dans nos documents, serait donc l'une des dix filles de Bernabò et par conséquent la soeur de Valentine I.ère Visconti, femme de Pierre II de Lusignan, morte en 1393. Ce pourrait être en ce cas la princesse que le duc Litta dit être fille de Bernabò, et avoir été mariée dans la maison de Chypre; d'après la chronique de Sanudo elle aurait épousé *un frère* du roi de Chypre. *Vite de' duchi*. Murat, t. XXII, col. 756. Sanudo l'appelle *Inglese*, l'Art de vérifier les dates *Anglaisie*.

*domina ducissa Mediolani que diligit sororem suam dominam
reginam* (1); 2.º dans une pièce de Naples du I.ᵉʳ mai 1404, où
la reine est nominativement et ainsi désignée: *dominorum Jani et
Eloysie, Cipri et Armenie regis et regine* (2); et 3.º dans une
décision du Sénat de Venise du 26 août 1406 concernant la récla-
mation de certaines sommes dues à des Vénitiens par le roi et
par *la reine* de Chypre (3). Il ne parait pas que le roi Janus ait
eu d'enfants de ce premier mariage, et l'on ne connait pas l'époque du décès de cette première reine Héloïse, qu'il est d'ailleurs
impossible de confondre avec la reine mère Héloïse de Brunswick.

Seconde femme : Le 2 août 1409, Janus épouse par procuration, au chateau de Melun, Charlotte de Bourbon, fille de Jean II
de Bourbon-Vendôme, comte de La Marche (4), qui prit dès lors le
titre de reine de Chypre (5). La reine Charlotte alla s'embarquer
à Venise pour se rendre en Chypre. Le 6 juin et le 14 juillet 1411,
le Sénat de Venise prenait diverses mesures pour la réception de
la princesse dans les états de la Seigneurie et ordonnait l'armement de deux galères destinées à la transporter en Chypre avec
sa suite (6). — Ce que dit ailleurs Sanudo (7) de l'arrivée à Véni-
se de la reine, qu'il appelle Isabelle, le 17 février 1415, est inin-
telligible. Tout ce texte est fautif. — Charlotte de Bourbon dut
s'embarquer à Venise vers la fin de juillet 1411. Elle débarqua à
Cérines au commencement du mois d'août (8). Son mariage fut
célébré à S. Sophie de Nicosie le 25 août 1411 (9). Elle mourut
en Chypre le 14 janvier 1422; quelques chroniques disent le 15
janvier (10).

Enfants : 1. Jean II [60] qui lui succéda, né en 1414.

2. Jacques [61], qui mourut jeune, ayant eu, parait-il, le titre
de sénéchal de Chypre (11).

(1) *Hist.*, t. II, p. 460.
(2) *Hist*, t. II, p. 478.
(3) *Nouv. preuv. de Chypre*, p. 95, art. 7, 8.
(4) *Le relig. de S. Denis*, t. IV, p. 397; Juvénal des Ursins, édit. Michaud, p. 455.
(5) *Hist.*, t. II, p. 495, n.
(6) *Hist.*, t. II, p. 495, n. 6; Sanudo, *Vite*, t. XXII, col. 861.
(7) T. XXII. col. 892.
(8) Cf. Monstrelet, t. II, p. 34; Léonce Machera, Strambaldi.
(9) L. Machera, p. 379. Strambaldi, p. 343. *Hist. de Chyp.*, t. II, p. 528.
(10) L. Machera, p. 382. Strambaldi, Amadi, fol. 304. *Hist. de Chip.*, t. II,
p. 531.
(11) Lusignan, Du Cange.

3. 4. Deux jumeaux [62], nés postérieurement à l'an 1418, et morts au berceau (1).

5. Marie [63], fiancée à Philippe de Bourbon, sire de Beaujeu, fils puîné de Charles I.er duc de Bourbon, morte avant ses noces.

6. Anne [64], qui fut *Duchesse de Savoie*. Elle est nommée *Jeanne* par Olivier de La Marche (2) et *Agnès* par plusieurs historiens, dont quelques uns l'ont confondue avec sa tante Agnès, laquelle vint en effet, comme elle, en Savoie, et y mourut en 1459 (3).

Anne était née le 24 septembre 1415 suivant Machera (4); le 24 septembre 1418 suivant Amadi (5).

Elle fut fiancée le 9 août 1431 à Aimé de Savoie, fils ainé d'Amédée VIII, duc de Savoie. Aimé étant mort, le projet de mariage fut repris et arrêté le 12 janvier 1432, pour son frère Louis *Comte de Genève*, devenu *duc de Savoie* en 1451 (6). La mort du roi Janus retarda le mariage (7). Il fut enfin célébré une première fois par procuration à Nicosie le dimanche 4 octobre 1433, l'évêque de Turin officiant et Louis de Savoie étant représenté par le sire de Raconis et Louis Batard d'Achaïe, ses mandataires (8). Anne escortée d'une nombreuse suite de dames et de chevaliers partit peu après pour la Savoie, où le mariage définitif et solennel fut béni à Chambéry, au mois de février 1434 (n. s.), en présence du cardinal Hugues de Lusignan, oncle de la princesse (9).

L'an 1436, la république de Venise, voulant être agréable au duc de Savoie, accorda, dit Sanudo, la noblesse vénitienne à l'*illustre donna Agnese, sorella del re di Cipro* (10). J'attribuerais plutôt à la princesse Anne cette inscription sur le Livre d'or de Venise qu'à sa tante Agnès, qui n'était pas d'ailleurs soeur du roi de Chypre.

(1) Strambaldi, fol. 201. Amadi.

(2) Edit. Michaud, p. 373.

(3) Voy. ci-dessus, pag. 37-38, n. 56.

(4) Pag. 380. *Notre Hist.*, t. II, p. 529.

(5) Fol. 304.

(6) *Hist.*, t. II, p. 525, n.; t. III, p. 4, n.; p. 10 et 805. *Nouv. preuves*, p. 121-127. Cf. Guichenon, *Hist. de Sav.*, t. II, p. 96, 2.e édit.

(7) Cf. *Hist.*, loc. cit.

(8) Voy. La relation des ambassadeurs même, dans notre *Hist. de Chyp.*, t. III, p. 20.

(9) M. Cibrario, *Mém. de l'Acad. de Turin*, 2.e série 1839, t. II, p. 388. Cf. Monstrelet, t. V, p. 82; *la Chron. de Savoie*, dans les *Monum. Patriae*, t. I, col. 615, et *Hist. de Chypre*, t. III, p. 12, n.

(10) Muratori, *Script. ital.*, t. XXII, col. 1041.

En 1450, le 14 août, Anne, qu'on appelle déjà duchesse de Savoie, *Anna de Cypro, ducissa Sabaudiae, dominaque Burgeti et Villafranchae,* fonde la chapelle de Notre Dame sur le pont du Cognin près de Chambéry, et en même temps divers services religieux pour le repos de l'ame de son père, le roi Janus, de sa mère Charlotte de Bourbon et de son oncle, le cardinal (1).

La duchesse Anne mourut le 11 novembre 1462, et fut inhumée à Genève, au couvent des Cordeliers de Rive, qu'elle avait fondé (2). Elle avait eu 15 enfants du duc Louis, huit fils et 7 filles. L'ainé des fils est Amédée IX, qui succéda à son père en 1465.

Enfants. (Suite). Le roi Janus eut en outre trois enfants naturels :

1.º Phébus de Lusignan [65], dont je donne en note la descendance (3).

_____

(1) Wadding, *Annal. Minor. Additam.* t. XII, p. 75-78; Guichenon, *Hist. de Sav.*, 2.e édit., t. IV, p. 670.

(2) Guichenon, t. II, p. 96, 2.e édit.

(3) *Descendance de Phébus de Lusignan [65] fils naturel du roi Janus, sire de Sidon et maréchal d'Arménie.*

C'est de lui, je pense, qu'émanent les Notes généalogiques des années 1432-1433, attribuées antérieurement à Hugues de Lusignan (1). Dès l'année 1447, Phébus avait été envoyé en ambassade en Europe par le roi Jean (2). Un acte de 1459 le qualifie de maréchal d'Arménie et nomme sa fille Eléonore (3). Il resta fidéle à la reine Charlotte et se prononca contre les prétentions de Jacques le Batard (4). En 1462 le sire de Sidon, Phébus, suivit la reine Charlotte en Savoie (5). En 1463 et 1464, il est toujours auprès de la reine et du roi Louis, soit en Chypre soit à Rhodes, quelque fois accompagné de son fils Hugues (6).

Femme : Isabelle Babin « de la quelle il eut un fils, nommé Hugues, qui a eu deux femmes » (7). Dans les notes généal. de 1432-1433, qui rappellent la naissance de ses deux filles: *Gaca* et Eléonore, Phébus nomme sa femme Uzabia Babina (8).

Enfants : 1. Hugues, qui suit [65a].

2. *Gacà* ou Jacquette [65b], née, d'aprés les notes généalogiques, le jeudi 3 juillet 1432.

_____

(1) *Nouvelles preuves de Chypre,* p. 121.

(2) *Hist.,* t. III, p. 72, n.

(3) *Hist.,* t. III, p. 95, et n. 3.

(4) Georges Bustron, édit. Sathas, p. 443, où il est qualifié de *seigneur d'Arsephion*; dans Florio Bustron, il est nommé *Febo di Lusignan signor di Arsufo.*

(5) *Hist.,* t. III, p. 124, n. 1, 125, n.

(6) T. III, p. 125 n. 257.

(7) Lusignan, *Description,* fol. 205 verso.

(8) *Nouv. Preuves,* p. 121.

2.º Louis de Lusignan [66], chevalier de Rhodes, commandeur de La Fénique et de La Noyère, aujourdhui Phinika et Anoghyra, dans le district de Paphos (1). Gobelin Persona, auteur contemporain reproche au pape Jean XXIII d'avoir consenti, moyennant des sommes considérables, qui lui furent remises par le roi Janus, à diverses irrégularités contraires aux droits et aux statuts de l'ordre de Rhodes ; entre autres à avoir investi d'une Commanderie de Chypre le bâtard de ce prince, encore enfant de cinq ans, en lui accordant des dispenses pour faire ses voeux (2).

3.º Une fille [67], donnée en mariage au brave Carceram Suarès, chevalier castillan, créé en même temps amiral de Chypre, par le roi Janus, dont il avait partagé la captivité en Egypte, après lui avoir sauvé la vie au combat de Chiérokhitia (3).

---

3. Eléonore [65c], née le lundi 28 septembre 1433. Un document de 1459 apprend qu'elle était alors veuve de Soffred Crispo et remariée en Chypre (1) au noble chevalier portugais Velasquez Gil Mony.

HUGUES de Lusignan [65a], fils de Phébus et d'Isabelle Babin. C'est lui probablement dont l'arrivée à Rhodes au milieu des chevaliers restés fidèles à la cause légitime est annoncée dans une lettre de la reine Charlotte du I.er sept. 1464 (2). Le P. Lusignan nous apprend (3) qu'il eut deux femmes et ne nomme que la seconde.

Première femme : N.....

Enfants : Isabelle de Lusignan, femme de *Very de Zimblet* (ou Ibelin), seigneur de *Macrasic*, qui est Macrassika dans la Messorée (4).

Seconde femme : N. de Placoton (5).

Enfants : Lucrèce de Lusignau, femme d'Olivier de Flatre, père de Hugues et de Valére de Flatre ou Flatri, « les quels, dit Lusignan, avec leur » mère ont aussi, l'an 1570, souffert la cruelle main des barbares (6). Ce qui veut dire probablement qu'ils furent réduits en esclavage par les Turcs.

De l'une des filles de Hugues, ou d'un fils que n'aurait pas connu le P. Lusignan, seraient sortis les Lusignans de Chio, dont les descendants habitent aujourdhui Constantinople et portent le nom de Lusignan (7).

(1) *Hist.*, t. II, p. 505; Lusign., fol. 205. v.º

(2) *Cosmodromium sive chronic. univ. usque ad an.* 1418. Meibomius, *Script. Germ.* t. I, p. 53.

(3) Amadi, fol. 309; Pero Tafur, *Andances e Viajes*, 1435-1439, t. I, p. 69-71. Madrid, 1874.

(1) *Hist.*, t. III, p. 94, 95.

(2) *Hist.*, t. III, p. 257.

(3) *Descript.*, fol. 205 verso.

(4) Lusignan, *Descr.*, fol. 205 verso.

(5) Lusignan, *Descript.*, fol. 205 verso.

(6) *Descript.*, fol. 205 verso.

(7) Doc. publiés dans le *Constantinople Messenger, daily edition.* 15 Novembre 1880. p. 3.

1432. JEAN II DE LUSIGNAN [60], roi de Chypre, de Jérusalem et d'Arménie, fils aîné de Janus et de Charlotte de Bourbon,
né le lundi 16 mai (1) ou le 14 mai 1414 (2). Il fut nommé, à sa
naissance *Prince d'Antioche*, parce que le comte de Tripoli était
encore vivant (3), et il porta ce titre jusqu'à son avènement au
trône. Jean II mourut le lundi 26 juillet 1458 (4), âgé de quarante
quatre ans. Il fut inhumé à S. Dominique.

Un chevalier de Souabe, Georges d'Ehingen, qui vint à la
cour de Chypre en 1455, à laissé de ses voyages une relation où
sont peints en miniatures coloriées les princes auxquels il avait
eu l'honneur d'être présenté. Toutes ces figures ont vraiment
le caractère et la physionomie de personnages vivants. Le roi
Jean II, qui décora de son ordre (5) le noble voyageur, figure dans
cette curieuse galerie. Le portrait donne bien l'idée d'un personnage « d'une quarantaine d'années, d'une figure grasse, d'une
» taille assez élevée, peut être un peu obèse. La coiffure consiste
» en un bonnet et un chapeau, noirs comme le reste du costume.
» Le prince porte un justaucorps de velours orné de maheutres
» bombées sur le haut des bras à l'italienne, sa huque ou manteau
» court dégage le flanc droit et se drape du coté gauche. Une
» chaine d'or à triple rang décore la poitrine (6) ».

On pensa pour le marier à la princesse Hedwige, fille du roi
de Pologne, et une ambassade, comptant jusqu'à deux cents cava-
liers, dont Badin de Norès, maréchal de Jérusalem, fut le chef, se
rendit à cet effet en 1431 auprès du roi Vladislas V (7). Le projet
n'eut pas de suite, mais la réalité de l'ambassade est confirmée
par nos documents (8).

(1) Machera, p. 408, 409 ; Amadi, fol. 304 ; *Hist.*, t. II. p. 529.
(2) Strambaldi, fol. 201.
(3) *Hist.*, t. II. p. 529 ; cf. *Hist.*, t. III, p. 16, n. ; et *Nouv. preuves*, 1432, 3.
(4) Léone Machéra, p. 409. Georges Bustron et Florio Bustron, comme je
m'en suis assuré sur les mss., princeps, donnent tous les deux cette date. C'est
également à cette année et à ce jour que le chancelier de Chypre, Benoit
Ovetarii de Vicence, fixe la mort du roi Jean II. Bibl. Nat. Mss. latins, 1188
6, fol. 25 v.°
(5) L'Ordre de l'Epée. *Hist. de Chypre*, t. II, p. 250, n. ; 433, n. ; t. III,
77, 815-817.
(6) M. Vallet de Viriville, dans le XV.ᵉ vol. des *Annales archéologiques*
de M. Didron. *Notice d'un Ms. souabe de la Bibliothèque de Stuttgart.*
(7) Mathieu de Michow, lib. 4, c. 52, ap. Pistorius, *Chron. Polon.* t. II,
p. 206 ; Cromer, *Chron. Pol.*, l. 20, t. II, fol. 693 ; Rinaldi, *Annal.*, 1431, § 35.
(8) *Hist. de Chypre*, t. III, p. 10.

Première femme: Aimée, Amédée ou Médée de Montferrat, sa cousine, fille de Jean Jacques Paléologue, marquis de Montferrat. Le mariage, négocié par le cardinal Hugues, oncle du roi, fut conclu par procuration du roi Jean et en présence du cardinal au château de Ripaille en Savoie le 23 décembre (et non septembre comme il a été dit d'après Muratori) 1437 (1).

En 1439, la reine Aimée étant encore en Europe, Eugène IV lui accorde la permission d'avoir deux religieux cordeliers dans sa maison pour le service divin et la confession: *Amadeae reginae Cypri, etc.* (2). Le 9 octobre 1439, le sénat de Venise autorise l'armement d'une galère destinée à porter en Chypre la fille du marquis de Montferrat, et le 25 mai de l'année suivante 1440, le même conseil règle les présents qui seront offerts à la reine, tant à son arrivée à Venise qu'à son passage dans les ports et les îles de la Seigneurie (3). Aimée, embarquée à Venise le 27 ou 28 mai 1440 (4), arriva vraisemblablement en Chypre au mois de juin. Son mariage et son couronnement eurent lieu à S.te Sophie le 3 juillet et elle mourut le 13 septembre suivant. Elle fut inhumée dans le tombeau de Charlotte de Bourbon, mère du roi son mari, au couvent de S. Dominique (5).

Seconde femme: Le 3 février 1442 (6), le roi Jean épousa à S.te Sophie Hélène Paléologue, fille de Théodore II Paléologue, despote de Morée, second fils de l'empereur Manuel. Elle mourut en Chypre, trois mois avant le roi son mari, le 11 avril 1458 (7).

Enfants: 1. Charlotte de Lusignan, qui suit, [68].

2. Cléopatre, morte en bas âge [69].

Un fils naturel: Jacques le Batard, Jacques II, qui suit [70].

1458. CHARLOTTE DE LUSIGNAN [68], reine de Chypre, de Jérusalem et d'Arménie, fille de Jean II et d'Hélène Paléologue, née en 1436; tenue sur les fonds baptismaux par Pierre de Lusiguan, comte de Tripoli, fils d'un Jacques de Lusignan, qui n'est

---

(1) *Hist. de Chyp.*, t. III, p. 79. Guicheuon, *Hist. de Sav.*, d'après le Ms. de la *Chron. de Montferrat*, t. II, p. 59; t. III, p. 385, édit. de Turin.

(2) Wadding, 1435, § 55, t. XI, p. 90.

(3) *Nouv. preuves de Chypre*, p. 127.

(4) Sanudo, *Vite*, ap. Murat, t. XXII, col. 1094; *Hist.*, t. III, p. 80, n. 2.

(5) *Hist.*, t. III, p. 80; Machera. p. 408; Amadi, fol. 313.

(6) *Hist.*, t. III, p. 80, et Machera, p. 408.

(7) *Hist.*, t. III, p. 81; Flor. Bustron.

point le roi Jacques Ier, comme le dit Georges Bustron (1), mais qui doit être Jacques *comte de Tripoli*, fils du prince d'Antioche.

Elle fut proclamée reine le jour même de la mort de son père, 26 juillet 1458. Elle perdit Nicosie et se renferma au chateau de Cérines en septembre 1460; elle quitta Chypre en 1461 (2). Devenue veuve du roi Louis en 1482, elle abdiqua en faveur de Charles Ier duc de Savoie, son neveu, le 25 février 1485 (3).

Elle mourut à Rome dans la maison qu'elle habitait, place Scozza Cavalli au Borgo, le lundi 16 juillet 1487. Elle fut inhumée le jour même (dit-on) en présence des cardinaux et de la Cour romaine dans les caveaux de S. Pierre (4). La dalle tumulaire de la reine se trouve dans la crypte, vis à vis de l'autel du S. Sauveur. J'y ai lu la courte épitaphe rapportée dans le *Titolo regio* de Savoie (5).

Premier mari, en 1456 (6) : Jean de Coïmbre, petit fils de Jean Ier, roi de Portugal, créé *Prince d'Antioche* à l'occasion de son mariage (7). Il mourut en Chypre l'année suivante 1457, vraisemblablement dans les premiers mois de l'année, et fut inhumé à S. François.

Deuxième mari : Louis de Savoie, comte de Genève, son cousin germain, fils de Louis duc de Savoie et d'Anne de Lusignan, né au mois de juin, non pas de l'année 1431, comme le dit Guichenon (8), puisque le mariage de ses auteurs est seulement de l'an 1434, mais en 1436, puisqu'il avait huit ans en 1444, quand on le fiança avec une fille du roi d'Ecosse (9). Le mariage de Louis de Savoie avec Charlotte de Lusignan, qualifiée de *princesse d'Antioche*, fut une première fois célébré par procureur à Turin, le roi Jean II de Lusignan encore vivant, le 10 octobre 1457 (10).

(1) Ed. Sathas, p. 414.

(2) *Hist.*, t. III, p. 114, 115, n. 119, n. 130, 137.

(3) *Hist.*, t. III, p. 82, n.; 124, n.; 135, n. 3; 151-152, n.

(4) Burchard, *Diar.* cité par Rinaldi, 1487, § 34.

(5) Reinhard, *Gesch*, t. II, pr. p. 136 et ailleurs; *Hist.*, t. III, p. 114, n. 1.

(6) L'ambassadeur du roi de Chypre chargé de négocier le mariage de Charlotte et d'en conférer avec le duc de Bourgogne et le roi de Portugal, tous deux oncles de Jean de Coïmbre, était encore à Venise le 30 décembre 1455. Arch. de Venise, *Senato Mar.*, vol. V, fol. 115 v.°

(7) Florio Bustron, ann. 1456. Cf. Georges Bustron, éd. Sathas, p. 413.

(8) Guichenon, t. II, p. 113.

(9) Guichenon, t. II, p. 114. Doc. du 14 déc., 1444.

(10) L'acte de mariage publié par Guichenon (t. II, p. 112, preuves p. 388)

Le mariage effectif fut célébré à Nicosie dans l'église S.te Sophie le dimanche 7 octobre 1459. Le même jour, Louis fut couronné roi de Chypre, de Jérusalem et d'Arménie (1). Le couronnement de la reine avait eu lieu l'année précédente, après les quarante jours de deuil qui suivirent la mort du roi Jean II, et un dimanche (2), vraisemblablement le dimanche 3 (ou 10) septembre 1458 (3). Le roi Louis se retira avec la reine au chateau de Cérines au mois de septembre 1460. Il quitta Cérines pour aller chercher des secours en Europe; il séjourna quelque temps à Rhodes en 1462, et après la capitulation de Cérines (sept. octob. 1463), il se retira définitivement en Savoie (4). Il y mourut au mois d'avril 1482 (5).

Enfant : N. [71], un fils qui mourut en bas âge, comme l'on voit dans une lettre écrite de Rhodes par la reine Charlotte à son mari alors en Savoie, le I.er septembre 1464 (6).

1460. JACQUES II DE LUSIGNAN, ou *Jacques le Bâtard* [70], roi de Chypre, de Jérusalem et d'Arménie, fils naturel du roi Jean II et d'une femme grecque nommée Marie ou Marietta, originaire de Patras (7).

Jacques naquit en 1440 ou 1441, puisqu'il avait 33 ans non révolus à sa mort. En 1456, à l'âge de 16 ou 17 ans, il fut pourvu de l'archevêché de Nicosie, nomination que la cour de Rome ne

---

et après lui par Dumont, Lünig et Reinhard, porte bien le millésime de 1458, *M. CCCC. LVIII.* 6.e *indiction ;* mais ce premier accord, qui était un simple contrat de fiançailles, ayant été positivement conclu du vivant du roi Jean II père de Charlotte, alors seulement princesse royale, il faut corriger et lire : M. CCCC. LVII, au lieu de 1458. Le cours de l'indiction 6.e (I.er sept. 1457 au 31 août 1458) autorise et nécessite même cette correction.

(1) Lettres de part du duc Louis son père des 13 et 14 décembre 1459. Guichenon, *Preuves*, p. 388-9; Reinhard, t. I, pr. p. 106, 107. Cf. Georges Bustron, p. 442, et *Hist. de Chyp.*, t. III, p. 81, n.

(2) Georges Bustron, p. 435.

(3) *Hist. de Chyp.*, t. III, p. 82, n.

(4) *Hist.*, t. III, p. 125, n.

(5) *Chron. Sabaud.* ap. *Monum. Patriæ*, t. I, col. 617.

(6) Guichenon, *Preuves*, p. 394.

(7) Dans un accès de jalousie, la reine de Chypre, Aimée ou Hélène Paléologue fit couper le nez à cette femme, d'où lui vint le surnom de *Commomutena*, la Camarde. Transportée à Venise en 1476 avec les trois enfants naturels du roi, ses petits fils, transférée de Venise à Padoue en 1458, Marie de Patras mourut dans cette dernière ville le 12 avril 1503. Voy. *Nouv. Preuves de Chyp.*, p. 15, 17; *Biblioth. de l'Éc. des chartes*, 1871, t. XXXII, p. 357.

ratifia jamais (1). Révolté bientôt contre sa soeur Charlotte, le bâtard aussi audacieux qu'intelligent, s'empara de Nicosie et se fit proclamer roi au mois de septembre 1460. La capitulation de Cérines au mois de septembre ou d'octobre de l'année 1463 (2) et la soumission de Famagouste, en 1464, le rendirent maitre de l'île entière. Il mourut à Famagouste le mardi 6 juillet 1473, et fut inhumé à S. Nicolas, église cathédrale de cette ville (3), n'ayant pas encore terminé sa 33.ᵉ année: *trentatrè anni non finidi* (4).

Femme: Philippe Mistahel, ambassadeur du roi de Chypre, épousa en son nom à Venise, dans la salle du grand conseil, le 10 juillet 1468 suivant Navagiero (5), le 30 du même mois suivant Malipiero (6), Catherine Cornaro, fille de Marc Cornaro della Ca' Grande et de Florence Crispo, (fille de Nicolas, duc de l'Archipel), déclarée fille adoptive de la République de Venise, et alors âgée de 18 ans (7). Le 17 août 1471, le roi chargea Jean Perez Fabrice, comte de Jaffa de se rendre à Venise comme son ambassadeur, pour ratifier définitivement et itérativement son mariage (8). Jean Perez était encore en Chypre au mois de mai 1472 (9). Catherine dut s'embarquer à Venise vers la fin du mois de septembre 1472, l'une des époques ordinairement choisies pour les voyages au Levant. Les dernières instructions données à André Bragadino, ambassadeur ducal, chargé d'accompagner la princesse en Chypre et d'assister à son mariage, sont du 19 septembre (10). Catherine dût arriver dans l'île au mois d'octobre, ou au commencement du mois de novembre, et le mariage royal dût suivre d'assez près son débarquement. Nulle part nous ne trouvons précisé le jour même de la cérémonie. Elle eut lieu, dit Georges Bustron, dans la ville de Famagouste, et fut l'occasion de grandes fêtes publiques (11).

(1) Voy, *Jacques II de Lusignan, archev. de Nicosie*, dans la *Bibl. de l'Ec. des Chartes*, 1877, p 257. Cf. *Hist. de Chypre*, t. III, p. 73, n. 2, en tenant compte des modifications précédentes.

(2) *Hist. de Chypre*, t. III, p. 128, n.

(3) *Hist.*, t. III, p. 344, n.

(4) Malipiero, *Annal. Veneti*, t. II, p. 599.

(5) Cf. *Hist. de Chypre*, t. III, p. 182.

(6) *Hist.*, t. III, p. 182, n. 3, et p. 313, n. 1.

(7) Elle était née en 1454. *Hist.*, t. III, p. 445, 818.

(8) *Archiv. Contarini, Processo* ou *Regist* XIII, N. fol. 4.

(9) *Archiv. Cont.*, XIII, N. fol. 5.

(10) *Hist.*, t. III, p. 332.

(11) Edit. Sathas, p. 475.

Catherine Cornaro, devenue veuve, exerça l'autorité royale au nom du fils qu'elle mit au monde le second mois après la mort de son mari. Elle abdiqua le jeudi 26 février 1489 (1). Elle s'embarqua à Famagouste avec son frère Georges, le I.er ou le 14 mars suivant (2), arriva au Lido le 5 juin, et fit son entrée solennelle à Venise sur le Bucentaure le lendemain, accompagnée par le doge (3). Elle se retira au chateau d'Asolo, près de Trévise, dont la république lui avait conféré la seigneurie le 20 juin 1489 (4). Elle mourùt à Venise, âgée de 56 ans, le 10 juillet 1510 (5), au palais Cornaro della Ca'Grande ou de S. Cassien, et fut inhumée dans l'église de Saints Apôtres, sa paroisse. Son corps fut ensuite transféré en l'église du Saint Sauveur, où il repose aujourdhui dans le tombeau construit par Bernardino Contino (6).

Enfant: Jacques III, qui suit [72].

Enfants naturels du roi Jacques II.

1. Le roi avait eu une première fille naturelle nommée *Charlotte* ou *Zarla* [73] (7). Son père l'avait promise en mariage, avec la connétablie de Chypre, à Sor de Naves, chevalier sicilien au service de la reine Charlotte, qui lui avait livré Cérines en 1463 (8). Cette fille naturelle décéda avant le mois de mai 1469 (9).

En mourant, Jacques II laissa trois autres enfants naturels vivants: Charlotte, seconde du nom, Eugène et Jean. Par ordre du Conseil des dix, ces enfants furent transférés à Venise à la fin de l'année 1476, avec Mariette de Patras, mère de leur père. En 1478, ils furent renfermés dans la citadelle de Padoue (10). Reconduits ensuite à Venise, ils s'échappèrent en 1513. Les femmes de service dont ils avaient fait leurs légitimes épouses, durant leur détention

(1) *Hist.*, t. III, p. 394, n. 1.
(2) Georges Bustron, dit le I.er mars, p. 543; Florio Bustron, le 14 mars.
(3) Voy, *Hist.*, t. III, p. 432, 436, 444.
(4) *Hist.*, t. III, p. 452.
(5) *Hist.*, t. III, p. 446, 448, 449.
(6) *Hist.*, t. III, p. 448, n. 3.
(7) *Hist.*, t. III, p. 346, n. 3.
(8) *Hist.*, t. III, p. 128, n.; 176 n.
(9) *Hist.*, t. III, p. 308, n. 2.
(10) Cf. *Hist. de Chypre*, t. III, p. 346, et *Bibl. de l'Ec. des chartes*, t. XXXII, 1871, p. 354. *Nouv. preuves de Chypre*, p. 15.

à Padoue, furent retenues et incarcérées par ordre du Conseil des Dix. On ignore leur sort. Quant aux princes, ils finirent par rentrer dans les états de Venise, où le gouvernement leur accorda une honorable pension.

2. Charlotte, seconde du nom [74], était née au mois d'avril 1468. Elle mourut au château de Padoue le 24 juillet 1480, à l'age de 12 ans et trois mois, ainsi que porte l'épitaphe placée en l'église S. Augustin des religieux dominicains, où son corps fut inhumé, et non en 1492 comme le dit Lusignan (1). Les ennemis de Venise avaient eu la pensée de la marier avec Alonzo, fils naturel du roi de Naples, dès l'an 1473, alors qu'elle n'avait encore que six ans (2).

3. Eugène [75], l'aîné, âgé d'environ 5 ans en 1473, à la mort de son père, était né par conséquent vers 1469. C'est vraisemblablement celui que le P. Lusignan appelle *Jean* dans le *Livre des Généalogies de France* (3), *Gène* et *Gen* ailleurs (4), et qu'il dit être fils d'une dame de la maison de Flatre (5). Il épousa à Padoue, postérieurement à l'année 1509, une femme de son service. De l'arsenal de Venise, où ils avaient été transférés, il parvint à s'échapper avec son frère dans la nuit du 31 mars 1513. Il erra ensuite en Allemagne et en Italie attendant un retour de fortune, qui ne vint pas. En 1523, il était à Vienne, âgé environ de 55 ans. C'est à cette époque qu'un misérable offrit à l'ambassadeur vénitien résidant à Rome d'empoisonner le prince (6). Vraisemblablement Eugène finit comme son frère par accepter les propositions qu'on lui fit de venir se fixer à Venise, le Sénat promettant de lui payer une pension (7). Nous devons croire qu'il mourut accidentellement en cette ville, car ces mots du P. Lusignan : « *Jean* tomba en un canal et fut submergé (8) » concernent évidemment Eugène.

(1) Voy. *Nouv. preuves de Chypre*, p. 15 et p. 20, lettre du capitaine de Padoue écrite le 23 juillet, la veille de la mort de la princesse. *Bibl. de l'Ec. des chartes*, 1871, p. 354.

(2) Coriolan Cippico, alors en Orient. *De Mocenici gestis*, l. III, p. 73, 76.

(3) Paris, 1586, in 4.° p. 93. Livre différent de l'*Histoire des Généalogies de Jérusalem*, qui est de 1599.

(4) *Description de Cypre*, fol. 187 v.° 206.

(5) *Généal. de France*, fol. 93.

(6) *Nouv. preuves*, p. 19, *Bibl. de l'Ec. des chartes*, 1871, p. 359.

(7) *Nouv. preuves*, p. 19.

(8) *Généalogies de France*, p. 93.

Sanudo le jeune qui avait vu ce prince à Venise avec son frère Jean, vers 1513, dit que c'étaient deux beaux et vaillants jeunes gens (1). En 1476 déjà, Eugène n'ayant que 7 ou 8 ans, le provéditeur Lorédano parlait dans une dépêche au Sénat de l'intelligence et du grand air de cet enfant, que les Chypriotes idolâtraient (2).

4. Jean, appellé aussi *Janus* [76], enfermé avec Eugène à Padoue, associa sa destinée à celle de son frère. Il rentra comme lui dans les états vénitiens et mourut à Padoue en 1553, fort âgé et jouissant d'une honorable pension que lui payait le Sénat (3). Il s'était clandestinement marié comme son frère, durant sa détention à Padoue, en l'année 1504. (4). On ne sait ce que devinrent quelques enfants, issus de ces humbles et légitimes unions.

1473. JACQUES III, fils posthume de Jacques le Batard et de Catherine Cornaro, né le 27 août 1473, vécut un an et mourut le 26 août 1474 (5).

LUIGI CO. DE MAS LATRIE.

(1) *Nouv. Préuves*, p. 18. *Bibl. de l'Ec. des chartes*, 1871, p. 358, 367.

(2) « Maxime el mazor, ornato di tal gratia ed indole che non da li huomini ma fino da le piere in ditta isola e codammodo adorato.... Il dito figliuolo mazore de grande maniera e atitudine ». Dépêche inédite, datée de la rade de Paros, 5 déc. 1476, après le départ des princes pour Venise. *Archiv. Contarini, Processo* ou *Reg.* V, lett. E, fol. 41. Cette dépêche sera publiée dans un supplément aux preuves de l'*Hist. de Chypre* que doit renfermer le tome IV des *Mélanges historiques* de la collect. des doc. inédits, actuellement sous presse.

(3) Le P. Lusignan, *Descr.*, fol. 187 v.°, 206; *Généalog. de France*, fol. 93.

(4) Le 20 mai 1504, le capitaine de Padoue écrit au conseil des dix: « Miser Janes, che di questi regii è el picholo, ha sposata secrete una soa zovene, che tegniva in chasa ». Arch. de Venise. Inquisiteurs d'Etat. *Filza*, 288, *Cipro*, 1493-1523.

(5) Malipiero, *Annal. Venet.* t. II, p. 604; Georges Bustron, Florio Bustron.

Changement de rapport

CHANGEMENT DE RAPPORT

Rpt 38

au lieu de

Rpt 19

GÉNÉALOGIE DES ROIS DE CHYPRE DE LA FAMILLE DE LUSIGNAN

[1] HUGUES VIII de LUSIGNAN dit *Le Brun*
Seigneur de Lusignan, en Poitou ; mort en Syrie.

[2] Hugues IX de Lusignan,
fils aîné de Hugues VIII,
Sire de Lusignan, premier comte de la
Marche, de la famille Lusignan en 1199 ;
mort à Damiette en 1219.

[3] Geoffroi 1er.   1194
Sire de Vouvant et de Mairevant
comte à Jaffa en 1191.

[4] AMAURY de LUSIGNAN   1193
comte de Jaffa en 1193 ; Seigneur de Chypre
en 1194 ; Roi de Chypre en 1197.
Roi de Jérusalem en 1198. Mort 1er
Avril 1205.
Ep. a. Echive d'Ibelin de Rama
b. 1196. Isabelle 1ère, reine de Jérusalem

[5] GUY de LUSIGNAN
comte de Jaffa et d
Roi de Jérusalem
Seigneur de Chyp
Ep. 1190. Sibylle, fille
Plusieurs filles, morte

[9] a. Guy,
fils aîné.
Sénéchal de Chypre?

[10] a Jean
Sa fille.   1205

[18] Marie de Lusignan   1216
dite *la comtesse Marie,* fille aînée,
m. avant son frère et sa sœur
Ep. en 1229 Gautier IV, dit le *Grand,*
comte de Brienne, de Lecce et de Jaffa,
m. peu après 1244, neveu du roi Jean 1er
de Brienne.

[19] HENRI 1er, né en 1217 ; m. 18 Janv. 1205.
Roi de Chypre, Seigneur du royaume de
Jérusalem.
Ep. a. 1229 Alix de Montferrat, m. 1232-33.
b. 1237. Stéphanie de Lampron, sœur
d'Holhoun 1er.
c. 1250. Plaisance d'Antioche, f. de
Bémond V, remariée ou fiancée à
Balian 1er d'Arsur. Morte 1261.

[21] c. HUGUES II, né en 1252   1267
Roi de Chypre, Seigneur du royaume de Jérusalem.
Ep. 1263-1265. Isabelle d'Ibelin, dame de Bay-
routh, m. v. la fin du siècle.

[20] Isabelle de Lus
m. 1264.
Ep. 1233. Henri d'
d'Antioche.

[22] HUGUES III d'
Régent de Jérus
Roi de Jéru
Ep. Isabelle d'Ibelin
sire de Bayrou

Hugues de Brienne,
Comte de Lecce, puis Comte de Brienne,
à la m. de son frère Jean II, compétiteur
de son cousin Hugues III d'Antioche Lusignan, en 1264 à la rég. de Jérusalem, en
1275 à la cour de Chypre, m. 1197 ou 1299.
Ep. a. 1291. Hélène Ange Comnène, veuve de Guillaume 1er de La Roche,
à. 1291. Hélène Ange Comnène, veuve de Guillaume 1er de La Roche,
à. 1291. Isabelle de La Roche, fille de
Guy 1er duc d'Athènes.
b. Gautier V de Brienne
Comte de Brienne et de Lecce,
premier duc d'Athènes, de la Maison de
Brienne, tué par les Catalans en 1311.

Amaury ou Emery,
mort jeune.

Jean II de Brienne,   1253
comte de Lusignan,
m. vers 1260-1261, sans enfants.

[20'] Amaury, 4e fils,   1295
Prince de Tyr. En 1306 proclamé par un
parti gouverneur du royaume. Tué en
1310.
Ep. 1295. Isabelle ou Zabel, fille de Léon III
roi d'Arménie, morte av. 1323.

[23] HENRI II, né en 1271 ; m. 31 Mars 1324.
Roi de Jérusalem et de Chypre.
Ep. 1317. Constance d'Aragon-Sicile,
remariée à Léon V, r. d'Arménie,
mort sans enfants en 1340.

[24] Bœmond   1284
Prince de Galilée
puis religieux dominicain
m. 1285.

[25] JEAN 1er fils aî
Régent de Jérus
Roi de Jérusalem
et de Chypre
m. 20 Mai 1285.

[20'' Agnès, ou [20''' Bœfmond
Marie**
femme du
Léon IV, Roi d'Arménie,
son cousin germain, fils
de sa tante Héloïse.

[20'' Jean ou Djiwan
Roi d'Arménie sous
le nom de Constantin III,
en 1362, tué en 1343.

[20''] Guy, ou Kostdas
Roi d'Arménie
après son frère
Jean.

[20''] Henri,
mort en prison
à Sis.

[20''] Marguerite de Lusignan,
femme du Maréal Cantacuzène
despote de Morée

[20'] Hugues,
peut être
Prince de Tyr.   1324

[34] HUGUES IV, m
Roi de Jérusalem
Ep. a. Marie d'Ibelin
b. 1316. Alix d'I
Chypre, rema
Grubenhagen

[41] J. N. G. fils du roi Hugues,
qui combattit sa petite-nièce Marie, fille de Janus, à Naples en

[40] b. Thomas
ou Thomasin
m. 1340   1382

[39] b. JACQUES 1er, couronné en 1385   1359
m. 9 Sept. 1398.
Roi de Jérusalem et de Chypre,

[37] A. PIERRE 1er,
Roi de Jérusalem
Comte de Tripoli

e LUSIGNAN de Jaffa et d'Ascalon en 1180, e Jérusalem en 1186, eur de Chypre en 1192; meurt Avril 1194. . Sibylle, héritière de Jérusalem m. 1190. filles, mortes avant leur mère.	[6] **Raoul**, Comte d'Eu.	[7] **Pierre.**		[9] **Guillaume**, dit de Valence que l'on voulut marier à l'une des filles de Jocelin III, comte d'Edesse.

elle de Lusignan en 1264. 53. Henri d'Antioche, dit *Le Prince* ort, fils de Boémond IV, prince Antioche.	[12] *a.* **Bourgogne** Ep. Gautier de Montbéliard régent de Chypre, m. v. 1214. **Echive de Montbéliard** Ep. a. Gérard de Montaigu *b.* Balian III, Sire de Beyrouth.	[13] *a.* **Alix** m. au bas âge	[14] *a.* **Héloïse** Ep. *a.* Eudes de Dampierre *b.* v. 1210 Raymond Rupin, comte de Tripoli. *b.* **Marie** Dame du Toron et de Montréal, ou des deux Karac. Ep. 1240. Philippe de Montfort *Seigneur de Tyr*	[15] *b.* **Amaury**, m. jeune en 1205. [15*] **Héloïse** morte jeune.	[16] *b.* **Mélissende** Ep. 1218. Boémond IV, le Borgne, prince d'Antioche, veuf de Plaisance de Giblet. [16*] **Marie d'Antioche** dite *Damoiselle Marie.* En 1257, conteste la régence et le trône de Chypre à son neveu Hugues III. En 1877, cède ses prétentions sur la couronne de Jérusalem au Roi de Naples, Charles d'Anjou.	[17] *b.* **Sibylle.** Ep. 1210, Léon II, le Grand, premier roi d'Arménie. **Stéphanie** femme de Jean de Brienne de Jérusalem.	**Isabelle** femme de Philippe d'Antioche, l'un des fils de Boémond IV et de Plaisance de Giblet.

GUES III D'ANTIOCHE LUSIGNAN, m. 26 Mars 1284. ent de Jérusalem en 1264, Roi de Chypre en 1267. i de Jérusalem en 1269 elle d'Ibelin, f. du Connétable Guy, 5° fils du Vieux re de Beyrouth, m. 1324.							
s Ier, fils aîné, . Jérusalem à Chypre t Mai 1285.	[27] **Guy**, connétable de Chypre m. 1302-1303. Ep. Echive d'Ibelin de Beyrouth, f. de Jean II d'Ibelin de Beyrouth.	[28] **Aymeri** ou **Camerin** connétable de Chypre m. 1316.	[29] **Marie** Ep. 1315, Jacques II, roi d'Aragon morte 1319.	[30] **Marguerite** Ep. 1289. Héthoum II, Roi d'Arménie, qui abdique en 1305, prend l'habit religieux des frères Mineurs, et est tué en 1307.	[31] **Alix** Ep. Balian d'Ibelin *Prince de Galilée et de Tibériade* Seigneur de Morpho, mort dans les grottes de Cérines v. 1316.	[32] **Héloïse** Ep. Thoros III Roi d'Arménie en 1294, morte en 1305. **Léon IV,** Roi d'Arménie. Ep. Agnès de Lusignan, fille d'Amaury, Prince de Tyr.	[33] **Isabelle** m. en 1310 Ep Oschin, roi d'Arménie. **Léon V,** mort sans enfants. Roi d'Arménie. Ep. *a.* N. fille d'Oschin, prince de Gorhigos. *b.* Constance ou Eléonore d'Aragon, fille de Frédéric III, roi de Sicile.

GUES IV, né 1296 ou 1300; m. 10 Oct. 1359. de Jérusalem et de Chypre arie d'Ibelin. 18. Alix d'Ibelin, fille de Guy connétable de aypre, remarie à Philippe de Brunswick- eubenhagen, morte sous Jacques 1er	[35] **Isabelle de Lusignan,** Ep. Eudes de Dampierre, connétable de Jérusalem			

IERRE 1er, né en 1329 ; tué le 17 Janvier 1369. de Jérusalem et de Chypre, élu Roi d'Arménie en 1368. y de Tripoli du vivant de son père;	[36] *b.* **Guy**, fils aîné, *Prince de Galilée*, Ep. 1329-30. Marie de Bourbon, re-	[38] *b.* **Jean,** 3° fils, *Prince d'Antioche,* Régent du Royaume, sous Pierre II, son	[42] *b.* **Marie** ou **Mariette** Ep. ap. 1328. Gautier de Dampierre, frère d'Eudes.	[43] *b.* **Echive** m. 1353. Ep. peu avant 1328, Fernand II, infant	[44] *b.* **Isabelle**, morte jeune Juin 1340.

Roi d'Arménie dès le fin de 1393; b. 1396; mort 1393.
Léon VI.
Ep. av. 1372. Héloïse de Brunswich-Grubenhagen, m. 1433.

[60] N. 6° fils.
Peut-être Agnès II du nom? cinquième fille, vivant en 1406, lors du voyage d'Amphoux en Chypre.

[28] Isabelle
? Bo. ap. 1387. Pierre de Lusignan, Comte de Tripoli, fils de Jacques, fils de Jean prince d'Antioche.

[27] Echive
na. jeune v. 1396.

[30] Agnès
née v. 1387. Ne se maria pas Fut le connétable de son neveu Jean II. M. à Venasque en Piémont 1er Mars 1409.

[56] Marie
née v. 1382, m. à Neiph en 1400.
Ep. [403] Ladislas Roi de Naples.

[54] N. née v 1372
m. à Rhodes v. 1374.

[52] Henri,
Prince de Galilée, connétable de Jérusalem. Né à la famille de P. Lusignan. Voyage en Europe, 1413-1415. Tué à Chérokhitis, en 1426.
Ep. Alix de Giblet, dame de Cérines.

[57] Guy,
connétable de Jérusalem.

[51] Eudes,
Sénéchal de Chypre, tué en Corse.

[50] Philippe
connétable de Chypre.

[49] Hugues 1399
Archev. de Nicosie Cardinal de Chypre m. en Savoie Août 1442.

[48] JANUS, né à Gènes, v. 1374,
m. 29 Juin 1432.
Roi de Jérusalem, de Chypre et d'Arménie, Prince d'Antioche du vivant de son père, nommé de Gènes en 1391.
Ep. a. av. 1407. Hélène ou Louise Visconti, b. 1409-1411. Charlotte de Bourbon m. 1422.

1469

[45] A. PIERRE II
[b] ...? Coto, Roi de Jérusalem, Comte de Tripoli, père.
Ep. 1378. Valenti...

[49?] N. Une fille avant son pè...

[63] Marie ou Mariette de Lusignan,
survécut à son mari.
Ep. Chevalier de Requesens reçu sénéchal héréditaire de Chypre. Ne vivait plus en 1474.

N. de Requesens, père de Carceran qui fut sénéchal de Chypre et qui mourut en 1519.

[53] Philippe 1er de Lusignan,
dit Le petit Prince, Seigneur de Lapithos.
Ep. Echive de Norès sœur du Comte de Tripoli.

[53?] Héloïse,
Ep. Hector de Kivides, Vicomte de Nicosie, tué sous les yeux de Jacques II en 1460.

1472

[60] J. JEAN II, né en 1414; m. 26 Juillet 1458.
Roi de Jérusalem, de Chypre et d'Arménie, Prince d'Antioche du vivant de son père.
Ep. a. 1437-1440 Amédée ou Médée de Montferrat-Paléologue, m. 1440. b. 1442. Hélène Paléologue de Morée, m. 1458, 11 Avril.

Mélisende de Requesens.

[584] Charles dit Charion 1er,
Seigneur de Lapithos et autres fiefs confisqués par Jacques II.
Ep. Hélène Zappe, dame de Nisou.

1458

[58] CHARLOTTE, née en 1436, morte le 16 Juillet 1487. Reine de Jérusalem, de Chypre et d'Arménie, Princesse d'Antioche, du vivant de son père.
Ep. a. 1456. Jean de Coïmbre, infant de Portugal, né devenu Prince d'Antioche, m. 1457. b. 1457-1459. Louis de Savoie, m. 1482.

[59] Elisabeth
mort en bas âge

[71] N. mort en bas âge.

[55?] Marie,
Ep. Jacques Careceur, seigneur de Lapithos.

[26] Mélusine ou Mélisende
Ep. Louis-Pamphile d'Acre.

[55?] Pons,
Ep. Médée Podocator.

[55?] Jean
mort en Savoie.

[58?] Philippe II, m. ap. après 1544.
Ep. Isabelle Perez Fabrice, fille cadette de Jean Perez Fabrice, comte de Jaffa et de Chypre.
Elle survécut à son mari.

[50?] Jean
fils cadet, se ... capitaine de La... tué en 1... au siège de ...
Ep. Isabelle

Pantesilée
d'Acre.
Ep. Anselmi Poldenégue.

Chérubins
d'Acre.
Ep. à ? Jean d'Acre, qui vivait en 1457, 1490.

Charles
dit Charion II
m. sans enf.
Ep. Louise d'Acre.

Ursule
m. sans enfants

N.
morte sans enfants

Lusignan Paléologue
capitaine de Tra se ... en 1280.

b Universin de Requesens, sénéchal de Chypre, petit fils du sénéchal Daupher de B. II m. en 1519.

[53] Philbus, fils ainé, capitaine de Limassol, mort avant 1531.
Ep. a. N. de Verny, sœur de Lucie de Verny.
b Isabelle Bertrand, qui vivait à Venise en 1580, nommée La Bruhens.

a. Agnès de Lusignan
Ep. Lusignan Palai.

Marguerite
morte au berceau.

Hélion
Ep. Démétrias lusianique, seigneur d'Egris

Hercule
pris en tué par les Turcs 1570

Jean Philipp
m. à Famagouste, 1571.

Jacques
plus connu sous le nom de Père Etienne de Lusignan auteur de l'Hist. de Chypre.

Jean
on Hilarino Religieux basilien, m. à Famagouste en 1571

N.
mort au berceau
Ep. N. . . .

Isabelle
dite aussi Athanasie
Ep. R. . . .

Hélène
morte au berceau

Lusignan
Ep. Dominique de S.t Audré ou Andreuci.

Pierre Ant
Ep. Marie de ...

Philippe Paléologue
remené captif à C. P.

N. Paléologue
mort jeune.

Paléologuina
Paléologue remenée captive à C. P. avec sa mère N.

Philippe,
qui vivait en Chypre en 1580, retiré au village de Milikou.

N.
enfové à C. P.

Fabrice de B. André.
Lui ou son frère Philippe se trouvait à Famagouste en 1589.

de Montery				Tarente, emper. de C. P., morte 1897, instituant son légataire univ. Louis II de Bourbon, son neveu.	Ep. N. d'Ibelin.	Voy. n.º 36.	de Majorque, frère du roi Jacques II, obligé de quitter Chypre v. 1349.
Théodore d'Aragon, m. à Barcelone, 1417.							

[ ] né en 1854, 3 Octob. 1392. usalem et de Chypre, Tripoli, du vivant de son	[46] b. Marie, nommée aussi Echive.	[47] b. Marguerite ou Marictte Fiancée en 1876 à Charles Visconti, duc de Parme. Ep. v. 1385. Jacques de Lusignan, comte de Tripoli, fils de Jean de Lusignan, Prince d'Antioche, son cousin germain.	[36°] Hugues, Prince de Galilée Sénateur de Rome, compétiteur de son oncle Pierre 1er. Mort avant sa mère, en instituant pour héritier son cousin, Louis II, duc de Bourbon. Ep. 1360. Marie de Morpho, fille de Jean de Morpho, comte d'Edesse.	[38°] Jacques comte de Tripoli m. avant 1395. Ep. v. 1398. Marguerite de Lusignan, sœur de Pierre II, sa cousine.	[38°] Hugues.	[38°] Janot, fils naturel, Sire de Beyrouth, ambassadeur au France, en 1398. Ep. 1388. N. de Morpho, sœur de la femme de Hugues prince de Galilée, n.º 36.	N. de Majorque, née en Avril 1341.
Valentine Visconti, m. 1393.				[38°] Jean Comte de Tripoli m. 1414 ?	[38°] Pierre, Comte de Tripoli après son f. Jean. Vivait encore en 1456. Ep. après 1397 Isabelle de Lusignan, fille du roi Jacques 1er	[38°] Echive, m. sans alliance.	[38°] Eléonore, m. sans alliance.
ne fille, morte son père.							

m. 1440.	[61] b. Jacques, Sénéchal de Chypre, mort jeune.	[62] bb. Deux Jumeaux nés après 1418, morts au berceau.	[63] b. Marie, morte fiancée au Sire de Beaujeu.	[64] b. Anne de Lusignan, duchesse de Savoie nommée aussi Agnès et Jeanne, née en 1418 ou 1419. morte en Savoie, 1462. Ep. 1434 Louis 1er de Savoie, comte de Genève ; duc de Savoie en 1451.	[65] Phébus, fils naturel, Sire de Sidon Maréchal d'Arménie. Ep. Isabelle Babin. [Origine possible des Lusignans de Chio, ou de C. P.]	[66] Louis, fils naturel), chevalier de Rhodes, Commandeur de Phinika.	[67] N. fille naturelle. Ep. Carceran Suaris amiral de Chypre
tre 1460 l'âge	[70] JACQUES II, dit Jacques le Bâtard, Roi de Jérusalem, de Chypre et d'Arménie. né en 1440-1441 ; m. 6 Juillet 1473. Ep. 1468, 1472. Catherine Cornaro, qui abdique en 1489 et m. en 1510.			Amédée IX, duc de Savoie et quatorze autres enfants.	[68°] Hugues Ep. a. N. b. N. de Pincoton.	[69°] Jacquetta ou Onen, née en Juillet 1492.	[65°] Eléonore, née en Sept 1493. Ep. a. Soffred Crispo. b. Don Velasquez Gil Aiony, cheval. Portugais.
1473	[72] JACQUES III, Roi de Jérusalem, de Chypre et d'Ar- ménie. Né le 27 Août 1473. M. le 26 Août 1474.	[73] Charlotte ou Zarla fille naturelle, promise au connétable Sor de Navre, morte avant Mai 1469.	[74] b. Charlotte, 2e du nom, fille naturelle, née en Avril 1468. morte à Padoue, le 24 Juillet 1480.	[75] Eugène dit Gen fils naturel né vers 1469. Mort accidentell. à Venise.	[76] Jean, dit aussi Janus, fils naturel mort à Padoue en 1552.	a. Isabelle. Ep. Very de Zimblet, m. d'Berlu Seigneur de Magrunika.	b. Lucrèce Ep. Ollivier de Flatre.

[38°] Jeann, let, né en 1497, me de Limassol, né en 1570 igie de Nicosie icole de Flatre.	[59°] Hector, 3e fils. Ep. a. N. d'Acre, dame de Psimolofu. b. Marguerite Zorzulemi.					[38°] Pierre de Lusignan 4e fils de Philippe II, Ep. N. de Bustron.	Hugues de Flatre fait esclave par les Turcs en 1570.	Valère de Flatre réduit en esclav. par les Turcs en 1570.
erre Antoine marie de Genèse.		a. Philippe III, chanoine de Paphos.	a. Marguerite, Ep. un noble Crispo.	a. Louis dit Alvise.	a. Jérôme chanoine de Paphos, se retire en Italie. Sa filiation fut constatée à Venise en 1850. Il vivait à Rome en 1880, pensionné par le Pape.	b. Ambroise tué par les Turcs	b. Jean Perez	b. Hercule	b. Lucrèce morte jeune v. 1569.	b. Laure, Ep. le fils de Florio Bustron.	b. Marie ou Marguerite Ep. Pierre Prevost.	Gaspard mort sans enfants.	Louis. Ep. N. de Remus.	Philippe, Ep. N. de Milfund.	Jean Perez dit Guillaume relig. August. m. v. 1570.	Marguerite m. en 1570 sans alliance.	Pierre Ep. N. de Muscarus.
													Hercule de Lusignan était encore jeune en 1573.		N. de Lusignan Ep. N. de Flatre.
re rs	Philippe de S. André	Laure, commandée esclave en Cilicie par les Turcs.	Louis.	Catherine.